JOURNAL
HISTORIQUE
DU BLOCUS
DE THIONVILLE.

Les cinq exemplaires ayant été déposés à la bibliothèque du Roi, les formalités prescrites ont été remplies.

JOURNAL HISTORIQUE
DU BLOCUS
DE THIONVILLE,

En 1814,

ET DE THIONVILLE, SIERCK ET RODEMACK, EN 1815;

Contenant quelques détails sur le siége de Longwi ; rédigé sur des rapports et mémoires communiqués

Par M. A.-AN. ALM**, *ancien officier d'état-major au gouvernement de Madrid.*

La gloire est attachée aux petits évenemens bien conduits et soutenus hardiment, aussi bien qu'à des actions plus décisives.
Histoire de la Campagne de 1741, 1re. partie, page 105.

BLOIS,

IMPRIMERIE DE P.-T. VERDIER, BRÉVETÉ DU ROI.

1819.

ERRATA.

Page 9, ligne 20; — Valmy et général : *lisez*, Valmy et le général.
Page 7, ligne 10; — commandat : *lisez*, commandant.
Page 21, ligne 5; — e la rentrée de beaucoup de déttachemens ; *lisez*, et la rentrée de beaucoup de détachemens.
Page 23, ligne 6; — qu'ou : *lisez*, qu'on.
Idem lignes 27 et 28; — l'ennem aisait : *lisez*, l'ennemi faisait.
Pag. 26, ligne 2 de la note; — au bas des remparts : *lisz*, au bas des rampes.
Page 37, ligne 28; — même jour : *lisez*, le même jour.
Page 47, ligne 21; — fut complète : *lisez*, fut complété.
Page 56, ligne 16; — avant la jour : *lisez*, avant le jour.
Page 62, ligne 15; — dns : *lisez*, dans.
Page 75, ligne 28; — une bombe à mortier fut : *lisez*, une bombe fut pour essai envoyée d'un mortier à grande portée.
Page 90, — on a omis (n°. 32) à la fin de la page.
Page 92, ligne 28; — de se : *lisez*, de ses.
Page 101, ligne 1; — et parvenir : *lisez*, et en même temps qu'il le faisait parvenir.
Page 106, ligne 3 de la note; — *lisez*, M. le maréchal Jourdan; commandant de Madrid et sous-inspecteur général, etc.
Page 117, ligne 15; — à demi-portée du canon : *lisez*, à demi-portée de canon.
Page 128, ligne 17; — hosilités : *lisez*, hostilités.
Page 156, ligne 1; — attendu : *lisez*, attend.
Idem ligne 8; — se dirigeant sur Briey : *lisez*, elles se dirigeaient sur Briey.
Page 193, ligne 13; — de de M. le major : *lisez*, de M. le major.

JOURNAL HISTORIQUE

DE LA DÉFENSE

DE THIONVILLE.

Je ne retracerai point les événemens à jamais fameux qui, des rives de l'Elbe, ayant ramené la grande armée sur le Rhin, furent presque immédiatement suivis de l'invasion de la France. Ces événemens appartiennent à l'histoire et seront présentés par elle à la postérité ; mais je dirai qu'on devait croire que le cours d'un fleuve large, profond et rapide, concourrait avec la première ligne de nos places fortes à arrêter le débordement des armées étrangères, et que ces moyens réunis donneraient à la France étonnée le temps de recompléter ses brigades, et de s'établir sur une défensive salutaire. Tel eut dû être, ce me semble, la marche des choses, si l'armée française moins affaiblie, et par une maladie affreuse (1) et par une désertion considérable, eût pu forcer les puissances ennemies à l'abandon du nouveau plan de campagne qu'elles avaient arrêté.

D'après ce plan les alliés devaient passer le Rhin, ne destiner que peu de troupes au blocus des places, et marcher avec la masse de leurs forces sur la capitale des français. Ce fleuve ayant donc été franchi, les troupes françaises se retirèrent lentement sur la Moselle, suivies à peu de distance par l'ennemi. Bientôt après les places furent entourées d'un cordon de troupes proportionnées aux garnisons qu'on y avait laissées, mais beaucoup trop faibles pour se livrer à des opérations plus sérieuses (2).

En effet, les armées étrangères ne traînant point à leur suite de grosse artillerie, ne pouvaient suivre un plan d'invasion qu'en s'attachant à des blocus qui rendissent nos forteresses inutiles à la défense de notre territoire. Leur plan n'eut pu être exécuté avec assez de rapidité, si elles se fussent arrêtées à des siéges; en voici la raison, d'abord pour tenter à la fois ces opérations majeures, seulement contre une partie de notre première ligne, il leur eût fallu plus de moyens en tout genre qu'elles n'en pouvaient réunir dans la situation où se trouvait alors l'Europe, dont presque toutes les forteresses étaient occupées par nous; en second lieu, pour attaquer ces places et les prendre successivement, cela eut exigé trop de temps, et l'on aurait perdu le moment opportun, celui où les armées françaises étaient très-inférieures en nombre, c'est-à-dire la véritable époque où l'on pouvait enfin espérer des succès contr'elles.

Ce plan était donc le seul qui pût conduire les alliés à de grands résultats ; car outre qu'il portait le théâtre de la guerre au centre d'un pays abondant, riche, et jusqu'alors protégé par la victoire, il offrait encore à l'ennemi l'attrayante perspective de se voir successivement et à peu de frais maître de places, dont les garnisons épuiseraient journellement les ressources, sans moyen de les renouveler.

L'ennemi n'ignorait pas que nos forteresses étaient dans une situation d'autant plus critique que depuis long-temps tous les soins avaient été prodigués à celles de l'Elbe, de l'Oder et de la Vistule ; que notre première ligne n'avait été qu'entretenue, tandis que les deuxième et troisième, dont les fortifications devaient en partie être rasées, n'avaient fixé l'attention du gouvernement qu'au moment même où ces places furent sérieusement menacées (3).

M. le général Léopold Hugo[a], maréchal de

---

[a] Ancien majordome du palais, aide-de-camp de S. M. C., commandeur des ordres royaux d'Espagne, Naples et Deux-Siciles, etc.

camp, étant rentré en septembre 1813, du service de l'Espagne, où il avait fait très-activement la guerre depuis 1808, conjointement avec les armées de la France, sa patrie, suivait en attendant des ordres le grand état-major général; il avait, ainsi que ses camarades, remarqué l'état dans lequel se trouvait Metz, l'une de nos plus belles places, avant qu'on l'eût désigné pour le commandement de Thionville (4). On disait publiquement et partout que toutes les villes de guerre du Rhin, de la Sarre et de la Moselle, se trouvaient dans un état pire encore, et bientôt il fut témoin de la répugnance d'un colonel à se charger de la défense de Sarrelouis.

Les circonstances étaient pressantes; mais plus le dénuement de ces places était absolu, plus le général sentait qu'il y avait de la gloire à les bien défendre; il ne s'épouvantait point de la responsabilité qui pèse sur la tête des gouverneurs; « avec de l'activité, du dévouement, et
« un caractère ferme, on peut faire beaucoup,
« se disait-il, et quand un homme d'honneur a
« fait tout ce que le devoir prescrit, on doit
« aussi lui savoir quelque gré de ce qu'il a fait
« de plus? Où serait d'ailleurs le mérite d'une
« action, ajoutait-il, si l'on trouvait toujours
« les difficultés applanies? Où serait le dévoue-

« ment à la patrie, si, dans des circonstances
« critiques, on se rebutait à l'aspect des dan-
« gers d'une entreprise hasardeuse ».

Plein de ces nobles idées et du souvenir encore récent de ce qu'il avait fait à Ségovie, à
Siguenza et surtout à Avila, il n'hésita point
à se présenter chez M. le général comte Beliard,
dont il était avantageusement connu, et à lui
demander la permission de se rendre à Paris
pour solliciter un service plus actif.

Vous chargeriez-vous, lui dit ce brave général, *de la défense d'une de nos places ? — De
tout ce qui pourra servir utilement mon pays!*
lui répondit-il. — *Eh bien ? je vais chez M. le
maréchal duc de Valmy, venez ce soir chez
moi apprendre ce que nous aurons résolu.*

Le 9 janvier 1814 le général Hugo, n'ayant
encore reçu aucune destination, était déterminé
à partir le lendemain pour Paris, lorsqu'à minuit M. le maréchal lui envoya l'ordre de se
rendre précipitamment à Thionville, afin d'en
prendre le commandement supérieur.

L'état de cette forteresse avait été dépeint
partout sous des couleurs si fâcheuses, et les
bruits de l'approche de l'ennemi étaient si alar-
mans, que si les portes de Metz eussent été
ouvertes à l'heure où cet ordre parvint au général Hugo, il serait parti à l'instant-même.

Il attendit donc leur ouverture avec impatience, et s'etant mis en route, il arriva incognito et de bonne heure à Thionville. Il déposa ses équipages dans une auberge et se mit à parcourir l'enceinte et les dehors de cette place. Il trouva cette enceinte meilleure qu'il ne s'y attendait ; les ouvrages extérieurs assez généralement en bon état, à l'exception cependant de quelques lunettes où l'on pouvait entrer aisément par les faces. La place était ouverte ainsi que le fort par le manque absolu de barrières, portes et ponts-levis, ce qui avait obligé MM. les généraux de la jeune garde, dont une division occupait Thionville conjointement avec le dépôt du 96e. de ligne, à n'y conserver que deux portes, à faire couper les ponts de celles de Luxembourg, et des jonctions, ainsi qu'à en obstruer le passage par des chevaux de frise entassés.

Du haut des parapets le général remarqua quelques villages dont les uns étaient à la portée du mousquet [a], les autres à demi-portée de canon [b], et le seul moulin aux portes même de la ville, sur une petite rivière dont le canal resserré par deux digues est un boyau de tranchée tout établi ; il observa aussi ce que la né-

[a] Haute et basse Yutz.
[b] Manom et la Briquerie.

gligence laisse malheureusement toujours élever, dans les environs des places depuis longtemps en état de paix, c'est-à-dire de grands arbres, des haies épaisses, beaucoup d'espaliers, et des bâtimens jusqu'à la queue des glacis.

Après cette reconnaissance qui dura jusqu'à la nuit, il alla se présenter chez M. le général Decouz [a] et lui communiqua ses ordres : comme ce général venait d'en être prévenu, il entra avec le général Hugo dans le détail de ce qu'il avait déjà fait, avec ses généraux de brigade, pour mettre la place à l'abri d'un coup de main ; il lui fit connaître qu'il avait donné le commandement provisoire du fort à M. le général Baste [b], ancien officier de marine, et que déjà une trentaine de pièces étaient placées sur les remparts ; il lui parla aussi des approvisionnemens comme d'un objet dont personne ne s'était encore occupé, et l'assura que les magasins, à l'exception de ceux de M. Méer (5), étaient absolument vides ; qu'il n'y avait ni viande sur pied, ni viande salée, point de combustibles, point de sel, point de fourrages. — *Vous n'êtes guères plus riche en munitions de guerre*, ajouta t-il, *et s'il n'en arrive pas de Luxembourg, où l'on en a*

---

[a] Ce général, officier très distingué, est mort des blessures qu'il reçut à la bataille de Brienne.

[b] Ce brave officier a été tué à la même affaire.

demandé, à peine en aurez vous pour le service journalier. La ville a beaucoup de grains, et vous pourrez vous en procurer par des requisitions : celles qui devraient se faire ne se font point, et cependant l'ennemi s'avance à grands pas. Quant à votre garnison, vous ne pouvez ni ne devez compter sur la jeune garde, qui s'attend à partir d'un instant à l'autre. Toutes vos ressources sont donc, à cet égard, dans le dépôt du 96e., composé de conscrits et d'estropiés.

Ce tableau, d'accord avec ce que le général Hugo avait vu, prouvait qu'il n'y avait pas une minute à perdre pour améliorer ce fâcheux état de choses. Il fallait faire des réquisitions, les appuyer à l'heure même par des baïonnettes : et comment donner des ordres dans une place dont plusieurs généraux de la garde s'étaient avec raison partagé le commandement? Comment se servir de troupes qui n'obéissaient qu'à leurs chefs et point à ceux de la ligne? L'expérience de tous les temps a confirmé partout que les corps d'élite ne sont dociles qu'à la voix de leurs officiers! Cependant M. le général Roger, commandant de la 3me. division militaire, ordonnait au général Hugo de retenir la jeune garde jusqu'à ce que les détachemens de passage eussent porté le dépôt du 96e. à deux mille hommes présens. Mais la jeune garde ne recevait des ordres que du général Curial, et aucun détachement de passage ne se présentant, ce dépôt restait toujours d'un effectif aussi faible. Thionville était donc à la veille de se trouver sans garnison.

On a vu par ma troisième note qu'en vertu d'un ordre du jour, en date du 4 janvier, toutes les places de la 3e. division avaient été mises en état de siège. D'autres ordres en date du 5, et ceux du ministre duc de Feltre qui parvinrent quelques jours après, portaient que notre approvisionnement serait fait pour deux mois : nous étions au 10, et le sous-préfet disait hautement qu'on ne lui avait encore ordonné de faire aucune réquisition. Il était cependant bien temps de s'y prendre !

Le général s'empressa dès le même jour d'annoncer son arrivée à LL. EE. le maréchal duc de Valmy et général comte Beliard, ainsi qu'aux autorités civiles et militaires de la place ; mais des motifs particuliers détaillés dans ses instructions l'empêchèrent de faire enregistrer sa nomination devant le tribunal de première instance (6).

Le 11 janvier le général passa une partie de la matinée en conférences avec MM. les commandans du génie et de l'artillerie. Il ordonna au premier (M. le capitaine Prudhomme) de réunir les ouvriers, tant de la ville que des villages de haute et basse Yutz, dont celui-ci forma de suite une compagnie à ses ordres ; il enjoignit ensuite de transporter en ville tous les bois de marine qui existaient tant sous notre canon qu'au village de Huckange ; et n'ayant aucune palissade en magasin, que très-peu de bois pour en faire, il fit prévenir les habitans qu'il allait leur reprendre celles qu'on leur avait autrefois vendues, mais avec promesse de les leur faire rendre ou payer à la fin du siége. Réfléchissant qu'avec sa faible garnison il ne pourrait garder les dehors (7), il ordonna qu'une partie des poternes fût murée ou barricadée, et dans ce cas intérieurement terrassée. Le commandant du génie alla s'occuper de suite de l'exécution de tous ces objets de détail.

Le général convint ensuite avec le commandant de l'artillerie (M. le chef de bataillon Hulot) de tout ce qui pressait le plus pour l'armement du corps de la place et du fort ; alors tout marcha bientôt sans entraves, et avec la plus grande activité, dans cette arme comme dans celle du génie, au moyen des ouvriers et des auxiliaires que la ligne et la garde nationale fournirent et qui furent organisés et mis à la disposition de ces deux services.

Pendant que ces mesures se prescrivaient, un adjudant de place vint faire le rapport que l'ennemi se montrait par la route de Sierck et qu'on entendait la mousqueterie des gardes avancées. En effet, quelques cavaliers s'étaient présentés, avaient tiré sur les sentinelles, et s'étaient retirés à l'approche du piquet du fort, que le général Baste avait fait sortir aussitôt. Le bruit se répandit dans le public que 500 chevaux venaient d'arriver à Metzervise et qu'on y attendait huit mille hommes.

Le même jour la compagnie de pompiers, une escouade de bateliers (8), et deux compagnies de garde nationale furent organisées sous le commandement de M. Faydi, ancien et loyal militaire retiré.

Le plus pressant, l'article essentiel des subsistances et du chauffage, allait être réglé. Le général en conféra avec le sous-préfet (M. Rolli), et ne connaissant point le décret qui chargeait un commissaire spécial du soin des approvisionnemens, il résolut de faire mettre la plus grande célérité dans la rentrée des ressources principales. Ces deux chefs convinrent en conséquence de créer de suite une commission sous le titre *d'aprovisionnement de siége*. M. Rolli désigna pour la composer MM. Parizot,

Abram et Grandmange ; fit au général qui ne connaissait encore personne à Thionville, le plus grand éloge des principes et de la moralité de ces messieurs, et les lui envoya pour recevoir ses instructions. Le général, après leur avoir fait sentir l'importance de leurs fonctions et la confiance qu'il mettait en eux, d'après le bien que lui en avait dit le sous-préfet, leur recommanda de frapper sans perdre une minute, leurs requisitions sur tous les villages de la rive gauche, compris dans un rayon de deux ou trois lieues; la rive droite se trouvant déjà occupée, au moins par de forts partis.

Il arriva vers midi dans la place un bataillon du 14e. de ligne fort de 300 hommes, qui se dirigeait sur Worms. Les communications avec cette ville étant rompues, le général le retint conformément aux instructions du général Roget.

La commission d'approvisionnement ayant sur le soir annoncé qu'elle était en mesure d'adresser des requisitions, le général fit de suite sortir des détachemens (9) avec les agens qu'elle avait désignés et d'après l'activité dont elle lui donnait un exemple, il espéra tirer de la rive gauche de la Moselle assez de ressources pour attendre que les communes de la rive droite, occupées par l'ennemi, fussent en situation de l'aider à leur tour. Le plus difficile consistait à rassembler assez de voitures pour le transport du bois de chauffage, qui manquait absolument; mais le généreux propriétaire des belles forges de Hayange, M. de Wendel, vint au secours de la place, et la tira pour long-tems d'inquiétude, en faisant remettre à la commission plusieurs grands bateaux chargés de houille.

Une dixaine de bouches à feu furent placées en batterie, tant pendant la journée que pendant la nuit.

Le 12 (janvier) voulant profiter du moment où la rive gauche était encore libre, le général fit commander un fort détachement pour escorter à Luxembourg les grains rassemblés et destinés pour cette place; ce détachement eut ordre de ramener les poudres que nous en attendions.

Le général écrivit aux commandans du génie et de l'artillerie de tenir un registre journal de tous les travaux qu'ils feraient exécuter pendant les vingt-quatre heures, et fit donner au dernier soixante-quatorze auxiliaires, par les corps de la garnison qui n'en avaient pas encore fourni.

Il régla en outre les fonctions de la commission d'approvisionnement et donna son approbation à l'arrêté qu'elle prit pour procurer au génie tous les corps d'arbres nécessaires au palissadement. Les hôpitaux étaient encombrés, une évacuation devenait urgente, il la fit disposer et exécuter de suite. Le dépôt du 96ᵉ. avait 150 hommes estropiés à la guerre, il demanda aussi qu'on les lui retirât comme bouches inutiles; mais une décision contraire lui fut donnée, et le mit dans l'obligation de les conserver comme partie de la garnison, pendant toute la durée du blocus.

Un espion (je les désignerai par le nom plus honnête d'affidé, réservant l'épithète odieuse pour ceux qui nous seront contraires) que le général avait expédié la veille sur Trêves, étant rentré pendant la nuit, rapporta qu'il y avait des vedettes ennemies à l'entrée de Stuchange ; et que des détachemens de 30 à 40 chevaux occupaient ce village, ainsi que ceux de Volstroff, Renange, et Guénange sur la rive droite. Cet affidé avait également appris par un français faisant partie des hussards prussiens de la mort, que l'ennemi avait jeté un corps de vingt mille chevaux sur la rive gauche du Rhin et que c'était par ce corps que tout le pays, depuis Saverne jusqu'à Luxembourg, était occupé. Ce français ne lui parla pas d'infanterie, mais il ajouta *que le pillage de notre territoire était défendu sous peine de mort*. L'affidé rapporta de plus, que le 11, il y avait huit ou neuf cents hommes au bivouac dans les jardins de Luttange.

Les ordres furent donnés sur la rive gauche pour couler tous les bateaux et nacelles qui existaient entre Mézières et Thionville, ainsi qu'entre cette place et Remich.

La rivière chariant beaucoup, il était à craindre qu'elle ne prît tout-à-fait et que d'un instant à l'autre les communications avec Metz ne fussent coupées par le passage de quelques partis sur cette rive. Le général imagina alors un moyen d'empêcher cet événement et écrivit ce qui suit, à M. le général commandant la division : « si la rivière venait à prendre, il conviendrait « de fermer chaque soir les écluses de Metz pen- « dant six heures et de les ouvrir ensuite pendant « 18. L'abaissement des eaux laissant la glace « sans points d'appui, elle s'affaissera pour en « trouver, se brisera sur les rives, et peut être « encore au centre. Les eaux venant à couler « avec une extrême abondance, lors de l'ouver- « ture des écluses, passeront en partie sur les gla- « ces affaissées, acheveront de les rompre et les « entraineront : cette espèce de débacle faite avec « methode et les précautions nécessaires pour ne « point endommager mon pont couvert, doit as- « surément produire le meilleur et le plus éton- « nant des effets.

Cette proposition ayant été suivie dès le soir même, les troupes cantonnées sur la Moselle qui, en se couchant, avaient vu cette rivière sur le point d'être tout-à-fait prise, furent tout émerveillées le lendemain de la trouver si grosse sans qu'il eût plû et de n'y voir aucun glaçon. L'ennemi qui ne s'attendait point à une pareille mesure fut aussi surpris mais bien moins satisfait que nous, car la débacle lui enleva les barques, et les pontons qu'il avait réunis, et lui en coula plusieurs.

Cette opération simple et facile à pratiquer dans les places qui ont des écluses sur une rivière commune, fut souvent répétée à Metz, et chaque fois très-avantageusement pour nous.

Le 13. Pour s'éviter ainsi qu'aux chefs tant des troupes que de l'administration, tous les détails d'une correspondance qui absorbait un temps précieux, le général convint d'une réunion journalière et à une heure déterminée, chacun dans son costume de travail; rien ne dérangeant autant l'homme qui s'occupe de son affaire que les apprêts de la toilette! Ce rapport général eut lieu tous les jours à onze heures du matin, tantôt chez le général, tantôt sur les remparts, partout enfin où cet officier se trouvait à l'heure convenue, et continua même pendant plusieurs mois après le blocus.

Dans la journée de nouveaux détachemens furent mis à la disposition de la commission d'approvisionnement qui expédia de nouvelles requisitions toujours sur la même rive.

Le général régla avec le sous-préfet les moyens de faire passer sa correspondance avec Metz et les environs de Thionville, par des hommes à pied, n'en ayant pu trouver que quelques-uns qui eussent osé le faire à cheval, encore leur bonne volonté ne dura-t-elle que trois ou quatre jours. Ce service est celui qui pendant la durée du blocus a offert le plus de difficultés. Le général devait un rapport au ministre ainsi qu'au commandat de la division, et l'on verra plus tard qu'il employa tous les moyens imaginables pour s'acquitter de cette obligation alors indispensable.

La garde impériale d'après l'ordre de M. le général Decouz, qui sentait aussi le besoin de voir activer nos travaux, mit, d'après la demande du commandant supérieur, soixante-quatorze auxiliaires à la disposition de l'artillerie de la place.

Le général Hugo ayant, le même jour, annoncé aux autorités civiles qu'elles devaient continuer l'exercice de leurs fonctions, régla encore tout ce qui concernait la police. Le lieutenant de gendarmerie (M. Boissier, homme à la fois ferme et modéré) eut ordre de remplir les fonctions de prévôt militaire et le commissaire de police, de s'occuper des objets civils seulement, mais toujours sous l'autorité directe du général, qui conserva pour lui le soin de la police secrète ou espionage (10).

L'ennemi, dont différens affidés avaient annoncé la retraite dans la journée du 12, revint avec plus de forces pendant la nuit ; il plaça le matin à Ilange cent chevaux qui fournirent un poste dans le bois de ce nom ; il en mit cinquante à Imeldange, et Kensich reçut aussi du monde Bertrange, Hombourg et Stuchange reçurent plus de troupes, mais ce fut toujours de la cavalerie. Ue poste fut placé dans les bois en avant de Stuchange : à Distroff, qui est un gros village, il y eut des gardes d'infanterie, le plus pauvre habitant eut jusqu'à dix hommes à loger.

Il y avait toujours des troupes entre Lutange et Altroff ; elles annonçaient que d'autres arriveraient incessamment. Par ces dispositions de l'ennemi, les communications avec les villages de la rive droite devinrent d'un instant à l'autre plus difficiles et les affidés eurent beaucoup de peine à rentrer dans la place. Le même jour on chargea cinq voitures de malades à Distroff, et toutes les barques depuis Bletange jusqu'à Thionville furent coulées ou amenées dans cette ville.

Dans un tel état de choses, l'ennemi se renforçant beaucoup sur la rive droite, le général devait attendre avec une juste impatience qu'on lui donnât une garnison. Il le faisait sentir dans sa correspondance et par ses rapports journaliers ; mais on ne pouvait disposer de rien, partout il

existait des besoins pressans. Une circonstance vint alors le placer dans une détresse difficile à décrire! Comptant sur le service que fournissait la jeune garde, il avait inondé la campagne de détachemens du 96e. pour appuyer les réquisitions; rien n'était encore rentré, mais les postes étaient occupés, les travaux allaient grandement leur train, et le général était sans inquiétude parceque l'ennemi ne pouvait passer la Moselle, tant elle chariait! C'est sur ces entrefaites précisément et vers cinq heures du soir que M. le général Decouz l'ayant fait appeler, lui communiqua des ordres qui venaient d'arriver, et qui enjoignaient à la jeune garde de partir de suite. Le général Hugo le pria de lui faire cette communication par écrit, afin de pouvoir y répondre de même, et la chose ayant été faite ainsi, il lui exposa
« que le détachement du 25e. léger qu'on annon-
« çait n'était point encore arrivé; que quand il
« le serait avant le départ de la jeune garde, il
« n'apporterait pas un gros renfort à la garnison,
« puisque sa force ne s'élevait qu'à deux cents
« vingt cinq hommes présens; que cette garni-
« son en avait trois cents en route sur Luxembourg
« où ils avaient été conduire un convoi; que
« déduisant de sa force et ces trois cents hommes
« et les cent cinquante estropiés du 96e., ainsi
« que les détachemens employés aux requisitions,

« il restait à peine dans la place quatre cents
« hommes, compris l'artillerie et ses auxiliaires;
« que M. le général Roger avait écrit que la jeune
« garde ne devrait point quitter Thionville avant
« que la garnison n'en eût été portée à deux mille
« hommes présens, et que le mouvement ordonné
« compromettait singulièrement la forteresse,
« considérée avec raison comme un des boulevards
« de la France ; et cela dans un moment où l'in-
« vestissement en était déjà commencé par la rive
« droite de la Moselle. »

Cet exposé, que le général Decouz ne pouvait révoquer en doute, lui fit faire de sérieuses réflexions et le détermina à expédier, ainsi que le général Hugo, un officier à Metz, chacun pour y exposer cette situation alarmante. Le général Hugo donna en outre de son côté quelques ordres pour faire rentrer à la hâte les détachemens les moins éloignés de la place et rapprocher les autres : mesures urgentes et indispensables mais qui contrariaient beaucoup les approvisionnemens.

La réponse apportée de Metz fut « que la di-
« vision Decouz retarderait son départ de quel-
« ques heures (11); que les estropiés ne parti-
« raient pas et feraient tout ce qu'ils pourraient
« pour être utiles ; (12) qu'enfin un détache-
« ment de trois cents conscrits armés, destinés

« au 24ᵉ. léger partait pour se rendre à Thion-
« ville ». Ce renfort était peu de chose pour une
place qui compte onze bastions et présente un
grand développement, mais son arrivée qui eut
lieu le 14, e la rentrée de beaucoup de détachemens, firent cesser une partie des inquiétudes du
général commandant supérieur.

Le 14. La jeune garde étant partie à huit heures du matin, le général Hugo compléta de suite
l'organisation de ses moyens de défense ; il augmenta le nombre des compagnies de la garde nationale, et donna aussitôt après l'instruction
nécessaire pour régler l'emplacement des corps
en cas d'alerte : les personnes qui ne durent pas
la recevoir en entier furent, par un extrait, pré-
venues des dispositions qui les concernaient.

Nous vîmes dans le courant de la journée, et
à la grande satisfaction de tout le monde, rentrer le détachement de Luxembourg avec le convoi de poudre. Les trois cents hommes du 24ᵉ.
léger arrivèrent peu de temps après, et furent immédiatement incorporés dans le 96ᵉ. Le général
s'entendit avec le sous-préfet pour faire remettre
à ce régiment tous les effets destinés à l'habillement de la légion qui ne se formait pas, dont il
avait un besoin urgent pour couvrir le détachement qu'il venait de recevoir, et qui n'était pas
vêtu pour la saison.

Les eaux ayant pendant la nuit été retenues, puis relâchées, à Metz, rompirent les glaces de la Moselle, et en emportèrent une grande partie.

Des affidés, que le général attendait, rentrèrent vers trois heures après midi et lui apprirent que quatre cents chevaux venaient d'arriver et de se répartir entre Basseham et Kœnigsmacher : le village de Haute-Yutz fut pillé par un de leurs détachemens.

Le 15. Vers deux heures du matin l'ennemi placé en arriére de Haute-Yutz et près du château, commença à jeter des obus dans le fort et dans la place. La générale fut battue; les chefs de corps et les commandans de compagnies qui déjà avaient reconnu leur emplacement se portèrent rapidement à leurs postes. Le général, qui passait presque entièrement la nuit sur les remparts, se trouvait au fort avec le commandant du génie quand le feu commença : mais ne pouvant apercevoir le point d'où l'ennemi tirait, attendu que ce point était masqué, il fit attendre les événemens sans répondre et dans le plus grand silence. L'ennemi n'ayant vu résulter de son bombardement aucun effet dont il pût tirer parti, quoique quelques obus eussent éclaté dans un magasin à fourrages, et dans des maisons particulières, quitta ses positions un peu avant le point du jour.

Le général apprit par les découvertes sorties du fort, que pendant l'envoi de ces projectiles, l'ennemi avait placé dans les villages de haute et basse Yutz beaucoup d'infanterie, et qu'on en portait la force à sept ou huit mille hommes : on ajoutait qu'il avait été très-étonné qu'ou n'eût pas répondu à son feu, et que lors de sa retraite, il avait annoncé son retour pour la nuit prochaine.

Un paysan de Metzervise sans doute envoyé par l'ennemi pour intimider les Thionvillois, vint répandre parmi eux le bruit qu'il y avait dans son village un parc d'artillerie très-considérable et l'on sut par la suite que c'était un convoi composé de plusieurs divisions de pièces de bataille.

Le général, devant par tous les rapports qu'il recevait, et dans la supposition que l'ennemi revînt bientôt à la charge, se tenir de plus en plus sur ses gardes, ordonna que la prise d'armes qui avait été réglée, pour chaque matinée, une heure avant le jour, eût lieu à deux heures du matin, et que les troupes, à l'exception de la garde nationale, attendissent à leur poste et sans le moindre bruit, le jour et la rentrée des découvertes. L'artillerie eut ordre de répondre avec vigueur de tous les points où elle pourrait atteindre l'ennemi.

Le 16. On annonça dès le matin que l'ennemi faisait travailler en arrière de haute-Yutz et dans le cimetière de Basse - Yutz ; mais les découvertes rapportèrent en rentrant que ces bruits étaient faux.

Une patrouille se présenta vers l'avancée de la porte de Sar-Louis: on lui tua un cheval. L'ennemi forma dans la journée une ligne de vedettes qui commençant par la pointe inférieure du bois d'Ilange, près de la Moselle, en suivit la lisière ; ainsi que celle des bois de Kensich ; et alla rejoindre la rivière en arrière du ruisseau de Maquenom: ces vedettes furent détachées des postes fournis par la cavalerie établie dans tous les villages voisins du cordon de blocus.

L'infanterie ennemie, en se retirant de haute et basse Yutz après le léger bombardement du 15, descendit sur Malling, où l'on disait qu'elle devait passer la Moselle ; mais comme il n'y avait pas de barques, elle fut obligée de descendre jusqu'à la hauteur de Remich où se trouvaient six pontons, et des bateaux appartenant au commerce. On estimait à trente mille hommes les forces répandues depuis ce point, jusqu'à Metz.

Informé de ce mouvement, le général expédia aux détachemens qu'il avait dehors sur la rive gauche l'ordre d'accélérer la rentrée des subsistances, et se hâta de reconnaître le cours de la Fench, ruisseau qui descendant de quelques lieues a ordinairement plusieurs pieds d'eau dans un lit très-encaissé aux environs de Thionville; son intention était d'en rompre les ponts afin d'obliger l'ennemi à un long détour; mais après cette reconnaissance, il jugea que ce serait un dégât inutile et que l'ennemi en aurait eu bientôt établi d'autres, s'il ne se contentait pas des gués nombreux de ce ruisseau.

Le sel nous manquant toujours, le général écrivit de nouveau à Metz pour en obtenir, et donna les ordres les plus rigoureux pour qu'aucune espèce de subsistances ne pût sortir de la place. Le dépôt de tous nos approvisionnemens ayant été provisoirement établi au fort, on en fit transporter la moitié en ville.

La gendarmerie reçut le même jour des ordres pour se rendre à Metz, mais le général, d'après l'autorisation qui lui en avait été donnée, ne laissa partir que celle à cheval du département de la Sarre et garda celle à pied pour faire le service avec la garnison.

En conséquence d'une lettre de M. le général commandant la division, les troupes commencèrent à recevoir les vivres de campagne.

Le 17. L'opération proposée (*voyez page* 15) ayant eu lieu aux écluses de Metz, les glaces des fossés de Thionville entraînées par la baisse des eaux, que les vannes d'écoulement laissaient échapper, se fendirent par le centre, et se détachèrent des revêtemens *.

On annonça que le général d'Yorck était dans les environs; que le 16 au soir l'ennemi n'avait pas encore jeté de pont à Malling, la Moselle étant trop haute et chariant considérablement. Le commandant supérieur profita de cette heureuse circonstance pour presser de plus en plus la rentrée des approvisionnemens; il lui fallait partout des troupes, sans quoi les villages n'obéissaient pas. Il écrivit à Metz, que prévoyant l'instant où il serait complétement bloqué, il était bon de convenir des moyens dont on pourrait se servir pour communiquer avec lui; qu'on pourrait le faire aisément par de petites barques qui, partant à la nuit arriveraient avant le point du jour; qu'au moyen de bouteilles bouchées et de vessies, on pourrait chaque soir que la Moselle ne charierait pas, lui adresser des ordres ou des avis qu'il ferait recevoir dans des filets.

C'est à cette époque que le général résolut d'employer un moyen trop peu usité dans la guerre, celui d'*affamer l'ennemi dans son camp autour de la place*, et il en confia l'exécution à un habitant riche, adroit et qu'on lui avait signalé comme un homme entreprenant : ce moyen con-

* Chaque soir vers quatre heures, un adjudant de place faisait rompre la glace au bas des remparts et des escaliers de communication des fossés avec les ouvrages extérieurs.

sistait à faire cacher dans toutes les directions qui conduisaient aux points occupés par l'ennemi, des hommes munis d'armes soit couvertes par leurs sarreaux ou blouses, soit placés dans les buissons voisins.

Ces hommes devaient à une certaine distance, faire rebrousser chemin à tous les individus qui se rendraient dans les postes ennemis, quelque pût être le motif de leur voyage ; dès-lors ni vivres, ni lettres ne pouvaient y arriver que sous escorte ou par ordonnance ; encore à la vue de ceux-ci, les apostés devaient-ils s'embusquer, tirer sur eux, les démonter, les tuer ou les prendre.

L'ennemi chagriné par cette petite guerre eût été contraint à mettre des détachemens partout ; dès-lors il n'eût pu employer autant d'hommes dans ses gardes, dans ses piquets ; autant de travailleurs dans ses tranchées, tout se serait ressenti chez lui de la nécessité d'opposer partout des troupes et la place eût été moins pressée.

La confiance du général Hugo ne fut justifiée par aucune tentative ; l'habitant qu'il en avait honoré ne s'occupa que de ses propres affaires : cette confiance n'eût point été trompée, si le général avait eu le temps de connaître les gens qu'on lui désignait.

Quelques coups de canon furent, dans la journée tirés sur des détachemens qu'ils éloignèrent.

Des tirailleurs obligèrent plusieurs vedettes qui gênaient la communication d'Ilange, à se reporter beaucoup plus en arrière.

Le soir, étant chez le sous-préfet, le général reçut l'avis certain que le corps ennemi, qui, de la position de haute Yutz avait envoyé des obus dans la place et le fort, venait de passer la Moselle à Remich avec un train d'artillerie assez considérable et qu'il allait se diriger sur les hauteurs de Guentrange, où les batteries de bombardement avaient été établies en 1792. Un pareil événement était d'une importance d'autant plus grande, que tous nos détachemens n'étaient pas encore rentrés et que l'ennemi pouvait en quelques heures arriver sur ces hauteurs. Le succès d'une pareille opération nous privait à la fois de ces détachemens auxquels on coupait la retraite sur nous, et des nombreux convois que nous attendions. Il fallait parer ce coup funeste ou voir tomber la place sous peu de jours. Dans cette circonstance embarrassante et difficile, le général n'hésita pas une minute sur le parti à prendre, et passant dans le cabinet du sous-préfet, il envoya chercher un piéton qu'il chargea d'une lettre de la teneur suivante:

Meneville, le 14 janvier 1814, 8 heures du soir.

« *A Monsieur le maire de Zetrich.*

«Veuillez bien, Monsieur le maire, faire pré-

« parer le logement pour S. E. M. le maréchal
« prince de la Moscowa, ses aides de camp,
« son chef d'état major, un commissaire ordon-
« nateur et trois commissaires des guerres, qui
« demain arriveront dans votre village.

« L'intention de S. E. étant que son avant-
« garde s'établisse au bivouac à l'entrée des bois
« de Roussi, et que les divisions de son corps
« d'armée occupent les villages de Keibourg,
« Œutrange, Sentzich, Gavies, Cattenom et
« les bois environnans; vous ne prendrez pas
« d'autre soin, et les troupes feront elles-mêmes
« leur logement à leur arrivée.

« J'ai l'honneur de vous saluer.

« Le chef de l'état-major, signé N.

« P. S. Répondez-moi chez M. le maire de
« Meneville, et ayez la bonté de me faire con-
« naître si la division Cesine est arrivée à Hes-
« perange. »

Le général achevait de mettre l'adresse lorsque le piéton entra, et lui donna la lettre avec
ordre de la porter de suite à sa destination.
Comme cet individu demandait quelques instructions, le général lui dit « si en allant à Zetrich,
« vous rencontrez quelques hussards ennemis et
« qu'ils vous interrogent, vous leur répondrez
« que vous portez une lettre au maire de cet en-

« droit ; ils vous emmèneront peut-être avec « eux, mais comme vous aurez dit la vérité, vous « n'aurez rien à craindre ». Le piéton partit et le général retourna dans son logement d'où il expédia l'ordre à tous ses détachemens de rentrer sur-le-champ avec tout ce qu'ils auraient pu réunir.

Le général apprit le lendemain matin que son intéressant piéton avait rencontré une patrouille à l'entrée de Hettange (cinq kilomètres de la forteresse); que sur sa déclaration naïve, on l'avait conduit chez le maire de ce village, et que ce magistrat avait été obligé de traduire la lettre [*]; qu'aussitôt la patrouille enchantée de sa capture avait fait donner un cheval à son prisonnier, et l'avait au galop emmené au quartier-général du corps d'armée qui marchait sur nous ; que le général ennemi avait beaucoup questionné cet individu, mais que n'en ayant pu tirer que peu de renseignemens, l'inquiétude s'était manifestée sur tous les visages ; que la marche des quatre divisions françaises, leur prochaine arrivée, la haute réputation de leur général en chef, la crainte d'être pris à dos par

[*] Ce bon français craignant de nuire à ses compatriotes, aurait bien voulu tromper les hussards ennemis, en leur annonçant toute autre chose que le contenu de la dépêche : mais cela était impossible! Ce fut donc avec beaucoup de regrets et d'hésitation qu'en la traduisant avec exactitude il seconda la ruse du général.

la division Cesine ; qu'enfin toutes ces considérations avaient déterminé la retraite de l'ennemi, et que pendant la nuit, malgré les dangers de la rivière, il s'était hâté de remettre la Moselle entre lui et ce corps redoutable.

C'est à cette ruse, permise à la guerre, et dont le fond était d'autant plus vraisemblable, que M. le maréchal prince de la Moscowa était encore dans le département de la Meurthe ; c'est à la promptitude du mouvement qu'elle fit opérer, que nous dûmes le salut de nos détachemens. En effet ils se replièrent tous dans la place avec la presque totalité des réquisitions : quelques-uns seulement abandonnèrent leur convoi pour ne pas se compromettre ; enfin de grandes pluies survinrent et pénétrèrent tellement les terres grasses et profondes des environs, qu'elles firent espérer au général, que de quinze jours au moins, aucun établissement de batteries ne pourrait être fait sur les hauteurs de Guentrange.

Le 18 janvier. M. Milleret, maire, fut chargé de faire reconnaître par des commissaires spéciaux si toutes les familles s'étaient conformées à l'ordre de s'approvisionner pour quatre mois; et d'adresser sous 48 heures, les procès-verbaux de cette opération à l'état major de la place.

Le général apprit que l'ennemi, tout en effectuant sa retraite d'après l'avis supposé, avait cependant laissé un petit corps de cavalerie pour observer les troupes qu'il croyait en marche contre lui, et que dans la matinée cette cavalerie avait poussé des reconnaissances en avant de Veymerange dans la direction de Meneville.

Il tomba beaucoup d'eau pendant la journée; il en était également beaucoup tombé le 17; même pendant la nuit, de sorte que la rivière s'élevant à vue d'œil, le général prit des mesures pour que les eaux n'entraînassent pas le plancher du pont couvert.

Tous les détachemens étant rentrés, il se fit remettre l'état de ce que les réquisitions avaient produit, il portait:

    250 maldres de grains de 320 livres chacun;
    771 quintaux métriques de foin;
    663 *idem*, de paille;
    121 maldres d'avoine;
    62 hottes de vin;   } chaque hotte de 40 et
    2 hottes de vinaigre; } quelques litres.
    6 hottes et demie d'eau-de-vie;
    183 bœufs ou vaches;
    95 moutons;
    et 299 kilogrammes de lard salé.

Les travaux redoublèrent d'activité pendant le jour et pendant la nuit.

Le 19. Par suite de ses reconnaissances et

des rapports de sa cavalerie, l'ennemi ne tarda point à manifester son opinion sur la lettre interceptée; il déclara qu'elle était supposée, et qu'il en avait été la dupe. Mais le but était rempli, et les terres profondément trompées ne permettaient plus aucune manœuvre à l'artillerie hors des grandes routes. D'après cette opinion, et cet état de choses, l'ennemi crut devoir reprendre une partie de son projet, mais renoncer à toute idée prochaine d'un nouveau bombardement: il porta en conséquence sa cavalerie dans nos environs pour nous fermer tous les passages, et complétter notre investissement. Cette opération eut lieu dans la soirée du 19: un cordon très-serré de postes et de vedettes s'établit sur la rive gauche, et rompit tout-à-fait nos communications avec Metz et Luxembourg.

Le 20. Les eaux continuant à s'élever inondèrent la route de Metz, ainsi que la partie basse des environs de la place dans les rues de laquelle, elles pénétrèrent même par les égouts: elles remplirent aussi beaucoup de caves. Le pont couvert, pour des raisons consignées dans un mémoire particulier, courait risque d'être emporté, on le fit charger davantage, et le général envoya des nacelles et des charrettes sur les ponts du double couronné, afin de faciliter le passage des gardes et descorvées.

Des affidés rapportèrent que l'armée qui manœuvrait entre Thionville et Nancy, était celle qui avait passé le Rhin, à Coblentz: on la disait commandée par S. M. le roi de Prusse; ils ajoutèrent qu'elle avait six batteries de huit pièces chacune, et que tous ses caissons étaient de forme française.

Les grandes eaux ayant emporté les pontons à Remich, l'infanterie ennemie fut obligée de descendre la Moselle et d'aller la passer au pont de Trêves pour venir appuyer les troupes employées aux blocus de Luxembourg et de Thionville.

On annonçait partout qu'il y avait beaucoup de malades dans l'armée ennemie, quoiqu'elle fût très bien nourrie, et très bien habillée.

Le 21. Les eaux se maintinrent à quatre mètres et demi au dessus de leur niveau ordinaire (13).

Il n'y avait presque personne à Trêves ni dans les environs de Luxembourg: l'ennemi n'occupait que faiblement la route de cette place à Thionville, par trois postes de cavalerie, un à Espérange, un à Frisange et un à Roussi: à Rodemack il n'y avait que cent dix hommes, mais Huckange, Ebange, Hayange et Florange étaient fortement occupés par des lanciers.

Le général donna ordre de faire sortir des hôpitaux, et de mettre en subsistance dans le

96ᵉ. tous les militaires convalescens, qui, ne faisant point partie de la garnison, se trouvaient retenus dans la place par le blocus.

Le 22. Les ordres furent donnés pendant la nuit (14) à différens détachemens de sortir au point du jour afin d'appuyer des travailleurs qui allèrent couper des fascines pour l'artillerie. Le feu s'engagea vers sept heures et demie du matin et tous les postes ennemis placés dans le bois d'Ilange, furent culbutés. La mousqueterie ayant continué entre leurs tirailleurs et les nôtres les uns et les autres se virent successivement renforcés au point que l'ennemi engagea environ trois cents chevaux et quinze cents fantassins.

Le général ordonna la retraite de ses détachemens vers deux heures après midi, non parcequ'il y était forcé, mais par l'inutilité de prolonger l'action plus long-tems, l'objet de la sortie ayant été rempli. Le feu cessa de part et d'autre à trois heures, l'ennemi ne nous ayant suivis que jusqu'à la lizière du bois au dessus de Haute Yutz où notre canon portait. Pendant la durée de l'engagement tous les cantonnemens de la rive gauche portèrent des reconnaissances vers la forteresse. Nous nous applaudîmes beaucoup de la valeur avec laquelle nos jeunes conscrits, qui se battaient pour la première fois, soutinrent le feu de l'ennemi dont la perte s'éleva à trois chevaux, sept hommes tués et une quarantaine de blessés : la nôtre fût d'un homme tué et quatorze blessés. Nous n'en aurions presque éprouvé aucune, sans l'ardeur des officiers et des soldats. Le général qui connaissait le prix des hommes, surtout dans une position fermée, avait recommandé de combattre à couvert des arbres et de ne point sortir du bois, mais l'envie de culbuter l'ennemi l'avait emporté, et c'est en débouchant sur les terres labourées que nous souffrîmes le plus. Malgré cela nous réussîmes et le poussâmes jusqu'auprès d'Ilange. Le général nous fit rappeler, et pour appuyer notre retraite autant que pour empêcher qu'on ne nous coupât, il fit avancer vers nous les réserves placées à Haute-Yutz.

Malgré la manière distinguée dont alors et dans la suite presque tous les officiers qui ont commandé des détachemens, ont répondu à la confiance de notre général et justifié son choix, on doit dire qu'il n'a pas été tiré un coup de fusil, pas un coup de canon, sans que le général, constamment préoccupé de ce qu'il devait à la place, n'y ait été présent, n'ait par ses dispositions toujours couronnées du succès, secondé le dévouement des braves de sa garnison. A cette justice, qu'il n'entre pas dans mes intentions de rendre à titre d'éloges, je dois ajouter, certain de n'être démenti par aucune des personnes renfermées avec nous, que malgré le froid, la neige, le mauvais temps de plus d'une espèce, le général a passé plus de nuits sur les remparts que dans son logement.

Le 23. La commune de Guentrange n'ayant pas envoyé les palissades qui lui avaient été demandées, les piquets de la garnison sortirent au point du jour et marchèrent une partie sur ce village, l'autre sur la Briquerie, où elle resta en réserve. L'ennemi fut chassé de ces deux points : sur le soir il montra de l'infanterie sur la rive gauche.

On commença à planter des palissades à la porte dite de Metz.

Le général fit le même jour organiser une compagnie de grenadiers et une de voltigeurs provisoires dans le 96°. qui par sa qualité de dépôt n'en avait pas. Le bataillon du 14°. de ligne n'en avait que de très-faibles, tandis que celles du 96°. furent chacune de cent hommes, presque tous conscrits, il est vrai, mais animées d'un si bon esprit, qu'elles manifestèrent de suite le désir le plus vif de se mesurer avec l'ennemi : huit jours après leur formation, on ne les distinguait plus des anciens soldats.

Le même jour on créa aussi des partisans à

pied et à cheval (15). Enfin on augmenta l'artillerie de soixante auxiliaires, que le nombre de pièces mises en batterie rendait indispensables.

Les ordres furent également donnés le même jour, pour mettre tous les moulins à bras en état de servir, afin de prévenir par cette précaution les suites de la rupture des digues de la Fench : une partie de ces moulins fût destinée pour les habitans.

Le 24, à huit heures du matin, toutes les charrettes du parc sortirent avec les piquets, pour faire un fourrage à la Basse-Yutz. L'ennemi qui s'attendait à un mouvement sur Guentrange avait préparé un forte embuscade dans les bois voisins, de sorte que celui sur Basse-Yutz eut lieu sans coup férir. La veille l'ennemi avait eu un homme et un cheval tués sur la route de Luxembourg.

Dans l'après midi, le général, au grand mécontentement de quelques propriétaires, fit couper les haies, ébrancher les arbres, enlever les palissades des jardins, les toîts et la charpente des logettes, dans un rayon de 500 mètres. Les seconds piquets, en réserve aux avancées, étaient prêts à soutenir les habitans qui rentraient leurs matériaux; si ces piquets ne sortirent pas, ce fût pour ne pas attirer l'ennemi.

L'hôpital depuis long-tems en proie aux maladies putrides et malignes, se trouvait dans un état pitoyable : les blessures les plus legères, les indispositions les plus simples y devenaient mortelles ; on n'y entrait que pour aller au cimetière. Dans cet état fâcheux, le général fit réunir les officiers de santé les plus habiles en comité spécial, pour aviser aux moyens d'y porter remède. Ces derniers déployèrent le plus grand zèle en cette circonstance, ils firent multiplier les fumigations, reblanchir les salles, augmenter le nombre des fournitures, brûler celles empestées, et soumettre le reste à la plus forte lessive. Dès-lors, grâces à leurs soins, on ne vit plus un misérable attendre, qu'on retirât un mort d'un lit étroit, pour lui en donner la troisième place ; et leur courage bravant le péril, ils multiplièrent les visites, et parvinrent enfin à retirer quelques convalescens de ce gouffre redoutable.

Le 25. Les patrouilles sorties la veille par la porte de Luxembourg, avaient blessé deux cavaliers ennemis.

La correspondance éprouvant trop de difficultés, il fallut recourir à la ruse, et employer toutes sortes de moyens ingénieux pour la faire parvenir à Metz. Le général fût chaque jour dans l'obligation d'en imaginer de nouveaux, parceque les paysans dévoilaient à leur retour ceux qu'on avait employés; ils le faisaient, à la vérité, moins par malice que pour satisfaire les curieux.

Toutes les troupes qui étaient sur la rive droite firent dans la journée un mouvement vers Metz: elles furent remplacées, dans le cordon, par celles stationnées à Listroff et environs.

Quelques reconnaissances sorties par notre porte de Metz, s'avancèrent sur la Grange et Terville et blessèrent quelques hommes.

Le 26. Nos escarmouches faisaient déjà impression sur l'ennemi: il avouait y avoir perdu un chef de bataillon et huit soldats tués, quarante-trois blessés, et cinq chevaux morts. Pour s'en consoler, et nous intimider, il faisait répandre le bruit de l'arrivée prochaine d'une armée de siège de 60,000 hommes, mais des nouvelles plus récentes que les siennes, et apportées des rives du Rhin, annonçaient le contraire.

Le 27. Nous apprîmes qu'un corps de 4000 Russes, aux ordres du général Horn, passait près de nous et se dirigeait par Briey sur Etain. On fit à Basse-Yutz un fourrage qui ne fût point inquiété.

Le 28. Une petite sortie nocturne enleva, sans éprouver de pertes, le poste de cuirassiers prussiens placé à Terville; le commandant fut tué, les hommes et les chevaux furent amenés dans la place.

N'ayant aucun obusier, le général, pour y suppléer, fit essayer des obus de six pouces dans de vieilles pièces de 24; ils y entrèrent bien, et furent chassés à une très-bonne distance.

Il y eut dans la journée un fourage à Haute-Yutz: l'ennemi ne fit aucun mouvement.

Le 29. L'ennemi occupant Daspich, le général l'en fit chasser par les grenadiers provisoires du 96e., commandés par le brave capitaine Dedienne (16), qui se fit remettre le contingent dû par ce village.

Le palissadement du chemin couvert des avancées de Metz et de Sar-Louis fut achevé. L'ennemi n'inquiéta pas les travailleurs, mais augmenta le nombre des vedettes.

Nous vîmes filer vers midi, par le chemin de Sierck, une colonne d'environ 5000 hommes d'infanterie, et 1500 chevaux; elle quitta la route de Basse-Ham, prit à sa gauche le le bois de Kensich, et nous ne la revîmes plus. Nous apprîmes qu'elle avait continué à remonter la Moselle, et qu'elle traînait peu d'artillerie à sa suite.

Le 30, les cuirassiers de Brandebourg, placés à Manom, furent enlevés pendant la nuit et conduits dans notre dépôt de prisonniers : après cette perte l'ennemi extrêmment tourmenté par les coups de main fit renforcer tous les postes du cordon.

Le 31. Nous fûmes informés que des officiers russes, qui la veille étaient venus faire des logemens à Hettange, avaient assuré que les alliés n'avaient encore pris aucune de nos forteresses. C'était la vérité ! c'était en même-temps le plus bel éloge du caractère national ! En lisant cet article le 1.er Avril 1814, après tous les désastres de la campagne, qui peut n'en être pas ému ? notre territoire était envahi de toutes parts, toutes les armées de l'Europe en foulaient les départemens, la capitale était devenue le quartier général de leurs souverains, et cependant aucune de nos forteresses ne voyait flotter de pavillons ennemis sur ses remparts, tous les gouverneurs fidèles à leurs devoirs, conservaient au sein des malheurs publics une attitude à la fois imposante et sublime. ô siècle fecond en prodiges, tu avais aussi cet exemple unique à présenter à la postérité! mais, à peine, l'abdication de Napoléon est elle connue : à peine les gouverneurs sont-ils par elle déliés de leurs sermens, que ces braves jusqu'alors sourds à toute espèce de propositions, élèvent sur leurs remparts, non pas un étendard sinistre, mais le signal de leur adhésion ; ils protestent de leur soumission à la patrie et reconnaissent unanimement que leur premier devoir est envers cette mère chérie et le Monarque qui règne sur elle.

FÉVRIER.

Le premier. Voulant s'assurer si l'infanterie russe était encore à Hettange, notre général fit dans l'après midi, faire des démonstrations sur Manom et bientot une colonne de cette arme et de cette nation, précédée d'éclaireurs à cheval, déboucha partie le long de la Gasch, et partie en avant du village de Gavies sur Manom. Un feu assez vif s'engagea entre les tirailleurs ennemis et les nôtres, mais à la nuit, le général ayant appris ce qu'il désirait savoir, nos détachemens rentrèrent et l'ennemi se retira. Pendant la nuit nous tirâmes avec des pièces de quatre longues, des grenades (ensabotées comme des obus) sur les bivouacs russes. Les troupes de cette nation s'attendant à une attaque restèrent sous les armes jusqu'au jour.

Le 2. Une longue et forte colonne d'infanterie et de cavalerie, commença, vers dix heures du matin, à défiler par la route (dite des Romains) de Hettange Terville. Comme elle marchait à portée nous la saluâmes pendant toute la journée du feu de nos grosses pièces qui lui firent du mal et l'obligèrent à se jetter dans les terres où les boulets arrivèrent également. Ce changement de route la retarda tellement que la queue ne passa que vers sept heures du soir : tout le monde estima cette colonne à douze ou quinze mille hommes au moins.

Des paysans rapportèrent que le premier, on avait entendu une canonnade très-vive dans les environs de Verdun ; ils disaient également que dans la sortie du même jour sur Manom, l'ennemi avait eu deux hommes tués et sept blessés : quant à nous la fortune ne permit pas qu'un seul des nôtres fût atteint.

Dans la journée et pendant que la colonne ennemie défilait sur la rive gauche, le général faisait faire une reconnaissance sur la route de Sar-Louis et culbutait tous les postes, sans prouver de pertes (17).

On entendit très-distinctement le canon, et de nombreuses décharges de mousqueterie, pendant toute la journée, dans la direction de Fontoy, où l'on ne se battait cependant pas[a].

Le 3. Le même bruit dura une partie de la nuit.

Un détachement de cavalerie russe s'étant avancé sur Basse-Yutz, fut vivement attaqué et repoussé par les grenadiers et voltigeurs du

---

[a] Le combat de Brienne eut lieu le même jour.

brave 14.e de ligne qui, sans éprouver de pertes, lui blessèrent six hommes.

Le 4. Ayant un besoin urgent de fascines pour soutenir les revêtemens de nos batteries, que les pluies dégradaient sans cesse, nous nous emparâmes avant le jour des hauteurs de la Grange. Pendant toute la durée du chargement des voitures, nous fûmes aux prises avec l'ennemi qui, vers midi, au moment où nous nous mettions en route pour revenir, ayant reçu un renfort d'infanterie, 200 chevaux et deux pièces de 6, mit plus de vigueur dans son attaque. Le feu de la place en répondant vigoureusement à son artillerie, l'empêcha de profiter de la supériorité de ses forces. Notre détachement ne perdit que quelques hommes.

Un moment après sa rentrée les partisans sortirent avec M. Emeringer, se dirigèrent sur le bois de Kensich, en chassèrent les cosaques et revinrent après leur avoir tué un cheval et blessé un homme.

Le nombre des malades augmentant de nouveau, malgré tous les soins pour prévenir les maladies, le général réussit à faire passer à Metz une demande de 600 chemises et de quatre cents paires de draps ; il rappela qu'en embarquant ces effets, à la nuit sur la Moselle, nous les recevrions avant le point du jour, il renouvela également la demande de sel dont nous allions d'autant plus éprouver le besoin qu'on avait oublié de nous en approvisionner.

Dès le même jour on ajouta le vin à la ration des troupes.

On entendit de nouveau, à l'ouest de la place, le canon vers quatre heures après midi ; le général envoya sur Fontoi pour tacher d'avoir des données certaines sur l'armée française, et de la rassurer sur notre position, celle de Luxembourg et de quelques autres places du Rhin, dont il s'était procuré des nouvelles. En effet il avait appris, malgré tous les soins de l'ennemi pour nous bloquer parfaitement, que le 17 janvier, il n'y avait rien de nouveau à Strasbourg, ni à Landau ; que ces places n'étaient resserrées que par des corps de cavalerie ; que Bitche tenait également et s'était approvisionné pour plusieurs mois ; enfin qu'il régnait parmi les alliés une défiance généralle envers l'Autriche, qu'ils croyaient n'être pas de bonne-foi dans la coalition.

Le 5. L'ennemi s'imaginant sans doute que nous allions continuer à prendre des fascines dans le bois de M. Berthier, où il y avait beaucoup de branchages abattus ordonna dès la veille au soir que chaque village enverrait dix hommes montés et dix à pied, munis de long bâtons, sur les hauteurs de la maison rouge : son but était de former des pelotons de ces malheureux ; et de les exposer au feu de notre artillerie, mais sa ruse fut inutile car nous ne sortîmes pas.

Le 6. Nous apprîmes que la veille il était passé beaucoup de troupes alliées, se dirigeant par la route de Longwi sur l'intérieur de la France; Des bandes composées d'hommes de tous les corps suivaient une direction contraire, et pareilles à nos fricoteurs (18), s'en retournaient, sans chef comme sans autorisation, vers le Rhin, répandant le bruit qu'elles allaient dans leur pays.

Le 7. Nous enlevâmes les cosaques postés à la pointe du bois de Kensich, on leur tua un homme, neuf autres et dix chevaux entrèrent dans la place.

Plusieurs coups de canon furent entendus dans la direction de Luxembourg.

Le 8. Nous n'eûmes rien de nouveau.

Comme il n'existait que cinq cents et quelques francs en caisse, à l'époque où le blocus fut complète, et qu'il n'avait été fait aucun fonds pour la solde, le général se fit remettre un compte exact de tout ce qui pouvait être dû par les habitans, afin d'en faire opérer la rentrée et de l'appliquer par une répartition équitable aux besoins les plus urgens des corps civils et militaires : il avait bien reçu l'autorisation de faire payer les contributions pour l'année entière (1814), mais réfléchissant combien il lui faudrait employer de mesures rigoureuses et aliéner d'esprits, pour en effectuer l'imparfait recouvrement ; combien serait insuffisant le montant de cette rentrée pour faire face àtoutes les dépenses légitimes pendant la durée de la résistance qu'il avait projetée, et pensant en outre qu'en n'accordant que des secours périodiques et faibles, il serait accablé de réclamations tant qu'on lui connaîtrait des fonds en caisse, il préféra laisser suivre les rentrées ordinaires selon le mode établi par les lois, et n'en disposer pour ses répartitions qu'à mesure qu'elles seraient de quelques mille francs. Par cette marche, dont il ne se départit point, et surtout par l'attention délicate de ne rien toucher pour lui, la bouche fut fermée à toutes les réclamations. Il ne donna, il est vrai, que de faibles à-comptes, mais tout le monde, le civil comme le militaire, y participa. Il augmenta les revenus publics en autorisant la vente des cuirs verts, en faisant verser le produit de cette vente chez le receveur de l'arrondissement, pour n'être plus séparé des fonds destinés aux dépenses légales.

Une autre autorisation du général Roget, commandant la division, lui donnait le droit de requérir tout ce dont il avait besoin pour l'habillement des troupes, il n'en usa point, mais il se contenta de leur faire distribuer les effets réservés pour la cohorte, pour les prisonniers de guerre, enfin ceux abandonnés par les déserteurs. Il tira des hôpitaux un armement précieux que les malades décédés y avaient apporté, et le distribua aux corps ainsi qu'à la garde nationale.

Le 9. Le chariage de la Moselle rendant les communications de l'ennemi extrêmement difficiles, d'une rive à l'autre, le général résolut de profiter de cette circonstance pour porter avec plus de sécurité, des détachemens sur différens points, à l'effet de faire rentrer les réquisitions dues par tous les villages situés entre Bletange et la Bibiche, lesquels jusqu'alors ne nous avaient rien envoyé ; en conséquence, dès quatre heures du matin, il fit marcher sur Stuckange 300 hommes et une pièce de canon, sous les ordres de M. le chef de bataillon Milon, du 14e, afin d'occuper ce village pendant la journée, d'observer, menacer et maintenir les troupes placées à Distroff, et protéger par cette manœuvre les opérations d'un autre détachement de 150 hommes parti à la même heure pour Imeldange, point central choisi pour la reunion et le départ des objets requis. Un autre détachemens de cinquante hommes prit position à haute-Yutz, avec ordre de communiquer par le bois d'Ilange et de soutenir au besoin la retraite des troupes portées sur Imeldange.

Comme l'ennemi avait fait remonter des barques à la hauteur de basse-Ham, nous devions craindre que, malgré les dangers du passage de la rivière, il ne tentât de secourir le corps de la rive attaquée. Le général Hugo, pour le detourner de ce dessein qui nous aurait peut-être causé quelque revers, sentit le besoin de maintenir en position les troupes qui occupaient la rive gauche : il ordonna en conséquence à cent grenadiers, commandés par le capitaine Dedienne, de remonter la Fench par Daspich jusqu'à Florange, d'inquiéter Hebange et Betange, centre de ces dernières troupes, d'attirer l'ennemi sur eux, et de se retirer ensuite et lentement sur Beauregard. Tous ces mouvemens furent ponctuellemeut exécutés : l'ennemi accourut, avec toutes ses forces, sur le détachement qui venait de le chasser de Florange, et il s'engagea entr'eux un feu très-vif de mousqueterie. Le canon de la place appuya nos grenadiers contre la supériorité de l'ennemi.

Pendant que le général Hugo surveillait l'exécution de ses ordres, on vint à la hâte le prévenir qu'une forte colonne d'infanterie et cavalerie, débouchant de basse-Ham, prenait le chemin de Kensich. Ces forces que nous ne soupçonnions pas dans notre voisinage, venaient de Sierck, où elles étaient tout récemment arrivées. Le général alla les reconnaître, et comme la direction qu'elles prenaient, pouvait compromettre fortement le détachement de Stuchange qui protégeait ceux partis d'Imeldange, il envoya de suite à tous, et par triple expédition, l'ordre de se replier sur Thionville, avec tout ce qu'ils avaient déja réuni. Il se porta sur la route de Sar-Louis avec des troupes en échelons, et de l'artillerie pour canonner cette colonne, la retarder dans sa marche sur Kensich, et donner au commandant Milon le temps d'exécuter sa retraite; il se fit de plus rejoindre par les grenadiers déja repliés sur Beauregard, et par les cinquante hommes établis à haute-Yutz.

Les ordres de retraite arrivèrent à temps à Stuchange : M. Milon les exécuta dans le meilleur ordre à la vue de l'ennemi, qui déja se formait devant lui, et qu'il ne salua point inutilement, de quelques coups de quatre tirés avec des grenades ensabottées. Notre détachement vit avec joie nos échelons formés à moitié chemin de Thionville, et faisant aussitôt face en arrière avec la plus noble confiance, il arrêta l'ennemi sur le ruisseau qui va tomber dans la Moselle, au-dessous de Maquenom. Le général lui envoya l'ordre de canonner aussi dans cette position, de s'y maintenir, et d'y attendre que le convoi parti d'Imeldange commençât à déboucher du bois d'Ilange. Trois charettes de fourrages qui venaient sans escorte, furent enlevées par des tirailleurs ennemis, mais le gros du convoi entra très-heureusement dans nos magasins.

A quatre heures du soir, tous nos détachemens étaient rentrés sous notre canon sans avoir éprouvé de pertes, tandis qu'à notre connaissance, l'ennemi avait eu quinze hommes hors de combat, un cheval et un homme de pris. M. Dimet, officier au 14.º, avait fait seul quatre prisonniers, mais pressé par le nombre, il n'en put conserver qu'un, et mit les autres hors de combat. M. Hulot, chef de bataillon commandant l'artillerie, officier aussi modeste que distingué, se fit remarquer pendant l'action, comme à toutes celles où il se trouva, par sa valeur et ses talens.

Des voituriers Luxembourgeois, échappés de l'armée ennemie, arrivèrent dans la place et nous donnèrent des nouvelles satisfaisantes sur l'intérieur de la France; ils nous apprirent que nos compatriotes avaient échiné les prussiens et pris beaucoup d'artillerie dans les environs de S.¹ Dizier.

Tous les villages, du canton de Thionville,

se remplirent pendant la nuit de troupes, qui se rendaient à la grande armée.

Le 10. Les eaux ayant miné les fondations de différens ouvrages, et ceux du batardeau qui sépare la Moselle de l'avant-fossé vers la porte de Luxembourg, le tout s'éboula pendant la nuit, et fit écouler l'inondation de notre front d'attaque. L'ennemi n'en sçut rien que fort long-temps après; à cette époque il occupait beaucoup de paysans à la réparation des chemins (19).

Une partie de l'infanterie, qui était arrivée dans la nuit du 9 au 10, resta dans nos environs; elle augmenta la force et le nombre des postes et plaça partout des réserves pour les soutenir. Dès ce jour-là il fut impossible au général d'envoyer régulièrement ses rapports à Metz, et l'ennemi pour mettre en défaut les nombreux moyens de communiquer, tentés par nous, augmenta les difficultés du passage.

Le 12. L'ennemi fit courir, dans nos environs, la nouvelle de l'arrivée prochaine d'un gros corps de troupes et d'un parc de siège, destinés à des opérations contre la place : le général fut alors obligé de prendre des mesures sévères de précaution, tant contre les alarmistes, que contre les personnes qui excitaient les soldats à vendre leurs cartouches: les troupes du cordon éprouvant beaucoup de difficultés à se procurer des munitions, ne laissaient passer les paysans qu'autant qu'ils leur en apportaient des nôtres.

Un gros régiment d'infanterie passa par la route des Romains, il se rendait à la grande armée ennemie.

Le 13. Nous nous apperçûmes qu'il n'y avait plus de cavalerie dans les postes du cordon.

Une femme sortit de Thionville portant des rapports chiffrés, dans sa quenouille : on ne la laissa ni passer, ni rentrer en ville. Sans doute elle se sert encore de la même quenouille, car elle n'était pas dans le secret de ce qu'elle portait ; pour toutes instructions, on lui avait dit de la remettre au général commandant la division.

Le 14. Nous remarquâmes que les troupes du blocus étaient Hessoises.

Le 15. Nous acquîmes la certitude que la cavalerie qui nous avait quittés était partie pour la grande armée, et qu'elle devait être remplacée par des gardes d'honneur.

Le général fit dans la journée sortir un détachement à la hauteur de Gassion (20), à l'effet de protéger l'enlèvement des boulets jettés à la Moselle près de Beauregard, et nous en retirâmes huit voitures, qui furent conduites à l'arsenal.

Le 16. Il passa quantité de chariots chargés de lances, cuirasses, selles et autres effets à l'usage de la cavalerie, lesquels se rendaient dans les depôts : on disait que cette arme avait considérablement souffert dans les batailles livrées à nos compatriotes.

Les villages protégés par le canon de la place, étant moins sujets à toutes les charges que la ville, on leur demanda pour nos hôpitaux, 50 paires de draps, 50 chemises et 25 paillasses. Ils fournirent ce qu'ils purent, et pour récompenser leur empressement, on ne leur demanda rien de plus.

Plusieurs individus furent livrés à une commission militaire, comme prévenus d'espionnage : les uns furent acquittés, les autres condamnés à la détention jusqu'à la fin du blocus. Ces individus étaient accusés d'avoir informé l'ennemi des embuscades que nous lui tendions, et de lui avoir dénoncé les habitans qui servaient notre cause.

Le 17. Une sortie eut lieu sur Florange, et prit à l'ennemi une voiture chargée de grains : ces grains furent déposés dans les magasins, et les chevaux vendus, au profit des capteurs, comme tous ceux enlevés précédemment.

Le 18. Notre bétail diminuant sensiblement, le général résolut de s'emparer de celui qui existait encore dans notre voisinage. En conséquence on rassembla, et fit sortir sans bruit, plusieurs détachemens, qu'il porta sur Gassion, Mariendhal, La Grange et S. François. Leurs instructions ordonnaient que ces coups de main seraient faits avec rapidité, afin que les troupes fussent en route pour revenir au moment où le jour commencerait. Mais à leur sortie des ouvrages avancés, ces détachemens furent obligés de repousser les vedettes, et les postes du cordon qui pendant la nuit s'étaient beaucoup rapprochés ; il s'engagea dès-lors une mousqueterie qui donna l'éveil aux cantonnemens. Toutefois, cet incident et un engagement très-vif sur Mariendhal, n'empêchèrent pas d'achever avant la jour, et conformément aux ordres, le détachement porté sur ce point, vint prendre position à Beauregard, pour soutenir Gassion.

Le détachement dirigé sur La Grange n'ayant pas complété ses recherches, lorsque le jour parut, l'ennemi se renforça beaucoup devant lui, et la mousqueterie s'anima successivement. Quelques coups de canon dirigés sur une masse d'infanterie, qui se demasqua, la pénétrèrent d'outre-en-outre. Le général Hugo fit renforcer le détachement, mais ne voulant point engager d'affaire meurtrière, il profita du moment où ce renfort en imposait à l'ennemi, pour faire rentrer ses troupes dans la place.

L'ennemi, après avoir retiré ses morts et ses blessés, se mit en retraite sur ses cantonnemens. Nous jugeâmes qu'il avait porté sur La Grange environ 1500 fantassins, et une trentaine de chevaux.

Vers une heure après midi des pillards hessois arrivèrent à Beauregard, et se répandirent dans les maisons. Nous les en fimes chasser par un détachement du piquet, mais s'appercevant bientôt que Gassion et Terville étaient fortement occupés, tandisqu'une petite colonne d'infanterie marchait encore d'Ebange sur ce dernier point; présumant alors que l'ennemi n'avait envoyé des pillards à Beauregard que pour nous y attirer, le général fit sortir le reste du premier piquet, et tous les seconds avec une pièce de 12, arrangée pour tenir la campagne par M. le chef de bataillon Hulot, et pour le service de laquelle, on avait fait ensabotter des obus. Nos piquets, couverts tant par les haies que par les murs des jardins de Beauregard, et soutenus par des réserves, dirigèrent un feu très-nourri sur les hessois, en partie cachés dans le lit de la Fench, dont les eaux avaient été detournées depuis quelque tems. Après avoir chassé à coups de canon, ce qui s'était établi dans Gassion, et le moulin de Terville, on dirigea de la mitraille sur l'infanterie qui garnissait le bois de ce dernier village.

Plusieurs bataillons en masse se montraient pendant cet engagement sur le plateau en arrière de Mariendhal, et faisaient mine de vouloir descendre : mais ils se contentèrent de pousser quelques cents hommes en avant d'eux, et hors de portée. Vers cinq heures l'ennemi se retirant, nos piquets rentrèrent aussi, laissant seulement à Beauregard un détachement jusqu'à la fermeture des portes.

Nous eûmes dans cet engagement trois hommes hors de combat : l'ennemi attiré sous notre canon où il combattit plus à découvert que nous, perdit beaucoup plus de monde du coté de la Grange et de Terville.

N'ayant pas tiré de cette sortie tout l'avantage qu'il en attendait, le général céda aux instances du commissaire des guerres, et le chargea de demander à la municipalité, un approvisionnement de lard pour six semaines : on assurait qu'il y en avait considérablemeut chez les charcutiers (21).

Le 19. L'après midi, nous fimes une sortie sur Maquenom, haute et basse Yutz, avec l'intention d'enlever du bétail dans ces villages (22). L'ennemi ne présenta guères qu'une quarantaine de chevaux, et une centaine de fantassins, que quelques coups de canon obligèrent à se jetter dans les bois d'Ilange. Il fit vers le soir paraître des tirailleurs sur la route de Stuchange, mais à la vue des nôtres, qui sortirent d'une reserve masquée, il les retira promptement. Nous n'eûmes personne de blessé. Un lorrain-allemand fut tué par l'ennemi en désertant.

Le 20. La journée fut employée à des détails d'administration. On sépara les vaches pleines pour ne les abattre qu'à la dernière extrèmité. Les cochons maigres furent rendus à leurs propriétaires, moyennant un équivalant en viande fraîche ou salée : on fit enfin le recensement de tout le bétail qui se trouvait en depôt chez les habitans.

La ration de viande fut, par un ordre du jour, réduite à six onces pour les troupes, et à quatre pour les parties isolées, qui fatiguent moins ; et toujours ont plus d'une ration. On remplaça, aux premières seulement, les deux onces qu'elles perdaient par un supplément de pain de soupe.

Le 21. Les troupes passèrent une revue de rigueur, et furent remplacés dans les postes de l'enceinte par la garde nationale, et dans ceux des dehors, par le 25.ᵉ léger.

A cette époque nos approvisionnemens étaient tellement incomplets que, des réquisitions frappées par la commission, il était encore dû par les villages de l'arrondissement:

501 maldres de meteil;
116 *idem*, de légumes secs;
460 *idem* d'avoine;
2828 quintaux de foin;
2381 *idem* de paille;
462 vaches;
612 moutons;
152 quintaux métriques de lard salé;
611 cordes de bois etc.

Les travaux pour l'armement n'avaient pas discontinué, et nous avaient mis sur le pied de défense le plus respectable. Tous les bastions du front d'attaque, et surtout ceux qui battent le point important dit le mouchoir, étaient garnis chacun au moins de douze pièces de gros calibre *. Tous les établissemens que l'ennemi aurait pu faire dans cet endroit, auraient été écrasés en peu d'heures par le feu supérieur de toutes les batteries qu'on y avait opposées.

---

* Le général qui ne voyait rien devant lui qui pût lui démonter son artillerie, n'arma ainsi provisoirement que pour tranquiliser les citoyens.

Les mesures prises jusqu'alors pour désinfecter les hôpitaux, n'étant pas encore suffisantes, il y eût un nouveau conseil, où les officiers de santé, le commissaire des guerres et un adjoint de la mairie se réunirent. Ils y arrêtèrent beaucoup de nouvelles dispositions dont la mise en pratique commença de suite, et donna les plus heureux résultats (23).

Le 22. Pendant la nuit, des spéculateurs amenèrent un bateau de sel, dont le général fit faire l'acquisition avec d'autant plus d'empressement, que c'était un article qui allait tout-à-fait nous manquer : les bateliers nous donnèrent des nouvelles satisfaisantes sur la position des armées.

Dans l'après midi, M. le général hessois Müller, envoya un parlementaire au général Hugo, sous prétexte de réclamer la sortie de quelques jeunes demoiselles bloquées dans la place. Ce parlementaire entra après avoir été soumis aux formalités d'usage : nous apprîmes par lui, que l'ennemi n'était pas à Paris, comme on nous le faisait annoncer depuis quelque temps, et il nous confirma le gain, par nous, de plusieurs batailles, mais avec des détails moins avantageux que ceux donnés par les bateliers. Le général apprit par ce parlementaire que beaucoup d'officiers supérieurs et autres, des anciens et braves chevau-légers westphaliens qui, sous ses ordres, avaient fait la guerre dans les deux Castilles, se trouvaient employés contre la place, et agréa les complimens qu'ils lui firent adresser.

Le 23. L'ennemi, s'attendant à une sortie, avait placé une embuscade près de la Grange ; elle dut y être fort mal, car le thermomètre de Réaumur, marqua dans les appartemens et pendant la nuit, neuf degrés au-dessous de zéro.

Le même jour, au moyen des fournitures prises tant dans les magasins des lits militaires, que dans les casernes, nous pûmes enfin parvenir à mettre les malades un à un, dans des lits propres. Les salles ayant été successivement toutes reblanchies, on en affecta une aux blessés qui jusqu'alors avaient été confondus, et il fut donné un ordre des plus sévères, pour qu'aucun autre malade ne fût mêlé avec eux.

Le 24. Nous fîmes de vains efforts pour lancer un ballon : si cet essai eût réussi, le vent étant favorable, nos lettres et quelques dépêches eussent été portées dans l'intérieur de la France. Mais le froid était si vif que malgré tous les soins de M. Bonaventure, chimiste habile et ancien pharmacien-major des armées, le gaz ne pût se développer assez. Une légère piqûre ne contribua pas moins que le froid, au défaut de succès de notre ingénieuse tentative.

Le 25. Pendant une nuit froide et nébuleuse, la grand-garde ennemie, fut surprise sur la route de Sierck: nous lui mîmes quatorze hommes hors de combat, et les autres y compris un officier furent avec six chevaux, enlevés et conduits dans la place.

Le 26. Notre bétail ayant besoin d'être augmenté, et le général ne voulant qu'à la dernière extrêmité toucher à celui qui était refugié, résolut d'en faire prendre à Kensich, village qui, n'étant qu'à une petite lieue de nous, ne nous avait encore rien fourni. Les troupes au lieu de partir à trois heures précises du matin, comme elles en avaient l'ordre, et comme elles furent prêtes à l'exécuter, ne purent sortir des portes qu'à quatre, à cause du retard apportée par les voitures du parc. Elles eurent, à la hauteur de Maquenom, un léger engagement avec les postes établis le long du bois; toutefois l'opération se fit, on était parvenu à enlever treize vaches, trois voitures d'équipages, et leur escorte, ainsi qu'un bon nombre de charrettes de fourrages, et tout était en route vers Thionville, lorsque les troupes furent attaquées entre le village et le bois de Maquenom par des forces très-supérieures. Le colonel Fischer de Dicour, chef de la cohorte de gardes nationales, qui en sa qualité d'officier supérieur de jour, et d'ancien militaire, commandait la sortie, soutint vigoureusement le choc de l'ennemi; il se battit avec opiniâtreté, et déjà il avait écarté plusieurs fois l'ennemi, lorsque les tirailleurs hessois s'avançant de nouveau, tuèrent les chevaux du timon de la pièce. Cet événement joint à la terreur qui se répandit parmi les charretiers, mit quelque désordre dans l'arrière garde; la cavalerie ennemie en profita pour la charger, et le brave colonel fut pris. Nous perdîmes en outre dans cette affaire, vingt-trois hommes tués, blessés ou prisonniers: mais ce qui dut nous consoler, ce fut la perte considérable qu'éprouvèrent les hessois, et qu'ils ne dissimulèrent point. La nôtre eût été beaucoup plus forte, si dès le commencement de l'action, le général qui, de la route de Sar-Louis en suivait les progrès, n'eût fait de suite avancer ses reserves placées à Maquenom, vers notre détachement qu'elles soutinrent par leur vive mousqueterie. Pendant ce mouvement, nos pièces ayant pris position sur cette route canonnaient l'ennemi en flanc et en queue.

Cet incident affligea beaucoup le général, qui se vit dans la nécessité de réduire encore la ration de viande, laquelle fut dès le lendemain de cinq onces pour toute la garnison, à l'exception cependant des parties isolées qui continuèrent de la recevoir à quatre.

Dès le même jour, nous fîmes monder de l'orge pour le donner en remplacement des légumes. M. Revillon, l'un des meilleurs citoyens de Thionville, nous rendit dans cette occasion, comme dans beaucoup d'autres, des services d'une haute importance.

Ayant beaucoup de prisonniers qui, pour nous, étaient des bouches plus qu'inutiles, le général Hugo, écrivit à M. le général Müller, commandant le blocus, pour lui proposer un échange, grade pour grade, homme pour homme. Ce général répondit qu'il en référerait à ses chefs et qu'il ferait part de leur décision (24).

Le 27. Quoiqu'on ne se battît point aux environs de Metz, on entendit une forte canonnade dans la direction de cette place. [a]

L'ennemi ne négligeait aucun moyen de répandre dans les campagnes et de faire parvenir jusqu'à nous, les bulletins de ses opérations en France; mais malgré toutes ses mesures, nous en recevions aussi des français, et nous n'admirions pas sans orgueil tous les efforts de

---

[a] V. les anniversaires du Journal général de France.

nos camarades, pour défendre le territoire sacré de la patrie, contre le grand nombre d'ennemis dont il était foulé; nous ne négligions rien pour fixer beaucoup de forces devant nos remparts, et plus nous y en comptions, plus nous nous applaudissions d'en débarrasser, et nos compatriotes de l'intérieur, et nos intrépides frères d'armes.

Le 28. Nous apprîmes que la garnison de Stettin était arrivée à Cologne.

Nous étions à notre 42.e jour de blocus; les médicamens se trouvaient épuisés, et nous en fîmes faire un nouvel approvisionnement d'un mois, par les pharmaciens de la ville, qui s'y prêtèrent non seulement sans la moindre réclamation, mais avec le plus généreux empressement.

MARS.

Le 1er. Comme M. le général Müller avait laissé M. le colonel Fischer en liberté sur parole, le général Hugo s'empressa de son côté à renvoyer un officier et un maréchal-des-logis des gardes d'honneur, auxquels le général hessois avait paru prendre de l'intérêt.

Le 2. L'ennemi s'étant, vers huit heures du soir, glissé par le lit de la Fench jusques sur les glacis des lunettes, à l'avancée de Metz, en fut bientôt chassé par le feu de notre infanterie et le canon de la place. Le général commandant fit pendant la nuit, qui était très-froide, tirailler de la pointe de l'isle inférieure sur Manom et Maquenom, ce qui tint les hessois sous les armes ; ils y passèrent également celle du 3 au 4, s'attendant à une attaque de notre part.

Le 4. Une réquisition d'orge fut frappée tant sur la ville que sur les environs : le même jour on établit un hôpital pour les convalescens.

Le 5. Nous apprîmes la nouvelle d'une grande victoire remportée sur les russes.

L'ennemi ayant intimidé les habitans des campagnes, et même ceux de la ville, en répandant le bruit que sous trois jours, nous capitulerions faute de viande (25), le général pour les rassurer fit sortir par la jonction de gauche dans l'isle inférieure et en vue des villages voisins, ainsi que de l'ennemi, plus de 150 bœufs ou vaches renfermés dans la place et appartenant, partie au parc et partie aux particuliers, mais dont le public et la garnison ignoraient incontestablement l'existence ; toutefois cette mesure confondit les faiseurs de nouvelles, et produisit un excellent effet. Le général considérait ce bétail comme sa dernière ressource, et respectait la partie réfugiée, comme un gage de la confiance qu'on avait dans sa parole de n'y toucher qu'à la dernière extrêmité. Les habitans qui soignaient et nourrissaient l'autre partie, savaient qu'on ne la leur retirerait qu'autant qu'on s'y verrait obligé. Les soins et la bonne nourriture qu'ils donnaient aux vaches qu'on leur avait confiées, étaient une économie pour nos magasins et notre parc. Le lait de ces utiles animaux qui aurait été gaspillé, nourrissait beaucoup de petits enfans nés depuis le blocus; aussi le jour où l'on faisait rentrer quelque vache au parc était-il un jour de deuil pour les familles qu'on en privait.

Il nous arriva pendant la nuit un bateau chargé de sel: le général en fit faire l'acquisition sur le produit des cuirs verts; il regla ses subsistances de manière à les faire durer encore six mois (jusqu'au 6 septembre 1814), sans nuire aux forces du soldat.

Le 6. Nous n'eûmes rien de nouveau. L'ennemi répandait le bruit que le grand-duc Constantin devait régner sur la France.

Le 7. Pendant la nuit du 7 au 8, le général fit attaquer et replier tous les postes du bois d'Ilange dont le voisinage nous gênait trop. Le gendarme à cheval Servandon, et le sergent Houchette du 96.e se distinguèrent dans cette occasion comme dans beaucoup d'autres.

Le 8. Informé que l'ennemi se disposait à

des mouvemens, enlevait tous les chevaux, et les rassemblait dans le château de la Grange, le général les lui fit reprendre par le capitaine Dedienne : quelques coups de fusil seulement furent échangés dans cette opération.

Le 9. Voulant ensuite s'assurer si l'ennemi avait détaché beaucoup de monde, ainsi que le bruit en courait, il fit sortir les grenadiers du 96.ᵉ par la porte de Luxembourg sur le chemin de cette forteresse et porta le piquet du 14ᵉ. ainsi que celui du 25ᵉ. léger sur Manom, aux ordres du capitaine Courtois (du 14.ᵉ), afin d'attaquer ce village. Cette attaque fut bien conduite; l'ennemi vigoureusement abordé, fut culbuté, et nos jeunes soldats mirent le feu à ses baraques. Nos deux détachemens qui avaient ordre de ne pas se compromettre devant des forces supérieures, bornaient là leur opération, quand ils virent déboucher de Gasch environ 50 chevaux et 300 fantassins ; au même instant deux cents cinquante hommes d'infanterie quittant Guentrange marchèrent par les hauteurs pour gagner la Grange et arriver sur le flanc gauche et les derrières des piquets établis près de la croix de Manom. La réserve hessoise ne quitta point Guentrange, et s'y maintint en position. Voyant ces divers mouvemens, le général fit marcher ses grenadiers, de la Grange, où ils étaient postés, sur le chemin de Manom pour échelonner la retraite des piquets ; et celui du 96.ᵉ sortant de l'ouvrage à corne, s'avança également vers eux. L'ennemi voyant ces troupes à portée, dirigea sur elles, mais sans leur faire aucun mal, le feu de son artillerie, dont les enfans de la ville, accoutumés malgré toutes les défenses à se mêler avec les tirailleurs les plus avancés, apportèrent les boulets à l'arsenal. La retraite se fit lentement, et dans le meilleur ordre ; nous n'eûmes qu'un homme de blessé. Quelques enfans, parmi lesquels on distinguait un joli petit sourd-muet nommé Clochet, eurent leurs habits percés de balles.

Les détachemens ennemis de Daspich, Terville et Hebange ne se mirent point en mouvement, et l'on ne put juger quelle force ils avaient conservée. Sur le soir trois cents hommes d'infanterie se montrèrent sur les hauteurs de Mariendhal.

Nous estimâmes à huit cents hommes d'infanterie et à cinquante chevaux, ce que l'ennemi déploya dans son mouvement sur Manom, non compris ses réserves de la Grange et Guentrange

Sur la rive droite, les cantonnemens ne firent sortir qu'une seule reconnaissance de 25 chevaux. Le général estima dès-lors qu'il ne restait autour de nous qu'environ 4400 hommes, cavalerie comprise.

Le 10. On entendit une vive canonnade dans la direction de Luxembourg. Les paysans des villages occupés par l'ennemi, rapportèrent qu'il se disposait à la retraite, et que le blocus allait cesser.

Le 11. La compagnie de partisans, tenta l'enlèvement du grand poste placé en avant de Basse-Ham, mais il était sur ses gardes, et par sa contenance la fit renoncer à ce projet.

Le 12. Il n'y eut rien de nouveau.

Pour relever le moral des jeunes soldats de la garnison, que l'état de blocus abattait visiblement, le général avait fait ouvrir un bal public dans le manège : ils s'y rendaient tous les dimanches et fêtes, y dansaient jusqu'à minuit, et s'y amusaient beaucoup. La bonne société allait jouir de ce spectacle, où tout se passait avec décence. Les inondations avaient rempli les bas fonds du canal, il s'y trouvait ainsi que dans les fossés, beaucoup de poisson, on leur en abandonna la pêche, jusqu'alors affermée; enfin pour ne point leur laisser d'oisiveté, on leur fit faire des jeux de quilles, et on leur distribua les glacis du couronné de Moselle, (ils sont dans l'intérieur du fort) pour en faire des jardins de compagnies. Tout le monde remarqua une grande diminution dans les entrées à l'hôpital, après l'emploi de ces moyens.

Le 13. L'ennemi somma les habitans de la Briquerie, petit hameau situé sous le canon de la place, de se retirer avec leurs meubles, denrées et effets au village de Guentrange, sous peine de voir mettre le feu à tout leur avoir.

Le 14. Le bruit courut qu'il y avait un congrès et que la paix y serait signée sous trois semaines. L'ennemi publiait de nouveau que Napoléon cesserait de régner sur la France, et que le grand-duc Constantin le remplacerait sur le trône.

Le 15. Vers trois heures après midi, une colonne d'infanterie déboucha des bois d'Ilange se dirigeant sur la porte d'entrée du fort. Au même moment le commandant supérieur reçut une lettre de M. le général comte Durutte, qui l'invitait à se porter à sa rencontre.

Les habitans de Thionville, instruits de l'approche d'une colonne française, accoururent de toutes les parties de la ville: hommes, femmes, enfans, tout le monde s'établit sur son passage. Bientôt les nouvelles les plus heureuses de la grande armée se répandirent ; elles furent publiées avec solemnité, et reçues avec enthousiasme. Chaque habitant jaloux de posséder quelques militaires de cette colonne, se porta vers la municipalité, et chacun en obtint selon ses facultés : le bal fut par extraordinaire ouvert le soir au manège et fut très-nombreux.

M. le général comte Durutte, ayant manifesté le désir d'emmener avec lui un renfort pris dans notre faible garnison, les ordres furent donnés en conséquence.

Peu après l'arrivée de cette colonne, notre gouverneur et M. le comte Durutte firent ensemble une reconnaissance sur la rive gauche. L'ennemi replia sur Terville, les détachemens qu'il avait avancés sur Beauregard : les grenadiers du 96ᵉ en le suivant lui tuèrent un homme. Il fit également paraître des troupes sur les hauteurs de Guentrange. Pendant ce temps-là le général Hugo faisait tirailler de l'isle inférieure sur les postes qui placés en arrière de Manom ne s'étaient pas repliés.

Le 16. M le général comte Durutte désirant s'assurer de l'impression que son arrivée avait pu faire sur l'ennemi, notre gouverneur fit pousser une reconnaissance sur le retranchement de la Grange avec ordre de ne pas se compromettre (26) ; l'ennemi tira sur elle quelques coups de canon, et nous en envoyâmes quelques autres à des détachemens qui, des hauteurs de Guentrange, descendaient contre le nôtre.

La colonne de M. le comte Durutte ayant été renforcée par 650 hommes du 96.ᵉ, une soixantaine de la garde sortis des hôpitaux, deux canons de quatre et deux caissons approvisionnés se mirent en mouvement vers neuf heures et demie du matin. Pour opérer une diversion et fixer l'attention de l'ennemi, le général Hugo déboucha avec le 14ᵉ de ligne, et prit à la tête de cette colonne la route de Sar-Louis, M. le Comte prit par haute-Yutz celle de Metz. Les tirailleurs du 14ᵉ ne tardèrent pas à s'engager avec les hessois, que la marche de l'autre colonne faisait replier de leur côté. La mousqueterie devint plus vive et des masses ennemies s'étant réunies pour attendre un renfort d'environ 300 fantasins, qui leur venait de Kensich, le général Hugo les fit canonner de manière à remplir convenablement ses instructions, c'est à dire en fixant toutes ces troupes contre lui. Cet engagement dura jusqu'à une heure après midi que les hessois allèrent se rallier du côté de Valmestroff. M. Milon, chef de bataillon, commandant le 14ᵉ, M. Jacquemard, son adjudant-major, et quelques autres braves furent blessés. L'ennemi perdit un homme et un cheval pris, le boulet lui mit beaucoup de soldats hors du combat. M. le chef de bataillon Hulot se distingua particulièrement.

Le 17. Dès le point du jour, un escadron hessois parut devant Manom ; les canonniers de la garde nationale, tous anciens militaires aux ordres du brave capitaine Petetin, l'obligèrent à se retirer promptement.

MM. les généraux Durutte et Hugo, étant convenus d'une correspondance, par signaux, dès le soir même, nous vîmes allumer des réchauds de quinze pouces de diamètre, très-élevés et chargés de tourteaux goudronnés, mais les signaux de Metz ne furent point apperçus.

Le 18. On remarqua beaucoup de travailleurs en arrière de la maison rouge et nous reconnûmes qu'on construisait des retranchemens sur le chemin.

Le 19. L'ennemi redoutant les opérations du corps que le comte Durutte réunissait, envoya de nombreux renforts dans tous les villages de la rive droite.

Une bombe à mortier fut pour essai envoyée d'une grand portée sur les retranchemens élevés en arrière de lagrange et vint éclater tout auprès.

Les paysans ayant répandu, dans la campagne, les bulletins réimprimés à Thionville, l'ennemi en fit distribuer annonçant absolument le contraire. Le soir plusieurs boëtes suiffées contenant une centaine de nos bulletins furent lancés à la Moselle.

Le 21. Ayant vu descendre un espèce de triqueballe vers le retranchement de la coupure, et présumant qu'on y portait des mortiers, nous y envoyâmes, avec succès quelques bombes des mortiers à grande portée.

Nos signaux de nuit répétés chaque soir à la même heure inquiétaient beaucoup l'ennemi.

Le 22. MM. Poulmaire et Neron, propriétaires des brasseries de Beauregard, informés que le général avait été dans l'obligation de réduire à moitié la ration de bierre, vinrent le trouver, et pour le décider à changer cette disposition, ils versèrent de suite trois cents hottes de cette liqueur dans les magasins de siège. Une pareille action ne peut rester inconnue, il est impossible d'être meilleurs citoyens que ne le sont Messieurs Poulmaire et Néron, et la garnison doit leur être constamment reconnaissante du rare désintéressement avec lequel ils vinrent si généreusement à son secours, à une époque critique, où quelques riches habitans, pour ne point nous aider, cachaient derrière des murailles qu'on noircissait avec soin, des ressources précieuses à la défense de la place; des ressources dont on abusait si peu que les principaux officiers ont toujours acheté le vin pour leur table. MM. Poulmaire et Néron sont, le premier, un respectable père de famille, le second, un loyal jeune homme qui en fait partie comme gendre de ce vertueux propriétaire.

L'action que je signale à la reconnaissance publique ne fut pas la seule par laquelle cette famille vint au secours de la garnison, le général a dû lui en laisser un témoignage authentique.

La garde nationale faisant depuis le départ de la colonne un service très-rude, beaucoup de citoyens ne purent se livrer à leurs travaux, et l'ordre fut donné, pour n'en mortifier aucun, de comprendre dans les distributions de vivres tous ceux qui voudraient y participer.

Nous remarquâmes dans la soirée les signaux de Metz, ainsi que beaucoup de mouvement chez l'ennemi. De nombreux débris de corps descendaient et parlaient de la retraite des russes comme très-prochaine.

Un corps de six bataillons et de plusieurs escadrons escortant un convoi fut apperçu dans la journée; il se dirigeait sur Cattenom. Une batterie de 25 pièces, qu'on assura être du 13, remonta vers Metz. Toutes ces troupes firent un grand détour pour éviter le canon de la place qui depuis long-tems s'était rendu redoutable, non seulement aux braves qui nous bloquaient très-étroitement, mais encore à toutes les colonnes de passage.

Le 23 nous entendîmes beaucoup le canon dans le lointain et dans la direction de la haute-

Meuse. En recherchant dans les bulletins sur quels points on se battit les jours que j'indique et qui sont consignés dans le journal de beaucoup d'habitans de Thionville, on sera surpris de voir à quelle distance le canon peut être entendu par un vent favorable.

Le même jour nous apprîmes qu'une forte colonne sortie de Metz s'était dirigée sur Bouzonville.

Le 25. Dans l'après-midi les sentinelles ayant averti que tous les postes ennemis se repliaient précipitamment, le général envoya la gendarmerie à cheval faire une reconnaissance sur la route de Sar-Louis, et bientôt après une ordonnance vint au galop le prévenir de l'approche de M. le général Durutte.

Après avoir conféré avec ce général, notre gouverneur reçut ses ordres et pendant que le corps d'armée de M. le comte se formait entre haute et basse Yutz, nous poussions une forte reconnaissance sur Guentrange aux ordres du major Huber, du 96e; elle y eut un engagement assez vif, y tua du monde et fit des prisonniers: de notre côté nous n'éprouvâmes aucune perte.

Le 26. Dès neuf heures du matin, M. le comte Durutte, ayant débouché par la porte de Luxembourg, porta une brigade sur Manom, une autre suivit la grande route : un fort détachement de notre garnison sous les ordres de M. le major Huber marcha sur Guentrange, enleva les hauteurs à la bayonnette, y tua une dixaine d'hommes, et en prit une cinquantaine.

La brigade du général Guérin attaqua de front les retranchemens de la Grange, pendant que celle du général Beurmann tournait cette position de l'ennemi. Les deux mouvemens obligèrent les hessois à la retraite sur Hettange dont ils garnirent le plateau et où ils tinrent encore quelque temps.

M. le comte Durutte que le général Hugo avait accompagné jusqu'au de là de Hettange, ayant jugé la présence de cet officier nécessaire à la défense de Thionville, lui donna ordre d'y rentrer, mais sans les troupes appartenant à cette place. Le général y rentra donc vers quatre heures après midi, à la grande satisfaction de tout le monde. Il était présumable que nous allions être débloqués au moins pendant quelques jours, et le général résolut de mettre ce temps à profit pour nous pourvoir de tout ce qui nous manquait.

Les ordres furent en conséquence donnés dès le soir même pour faire remonter les pontons ennemis qui se trouvaient à la hauteur de Kœnigsmacher et qui le lendemain entrèrent dans le port de Thionville ; les gardes d'honneur restés à Cattenom furent enlevés ; les échelles depuis longtems réunies à Distroff furent brulées ; les eaux de la Fench furent rétablies dans leur lit ; une partie des redoutes et retranchemens élevés devant la place fut rasée. On acheva l'enlèvement des bois de marine et l'on fit arriver dans l'arsenal la poudre et les projectiles que l'ennemi avait abandonnés. Les maires des communes eurent ordre de conduire dans nos magasins les approvisionnemens de toute espèce ramassés par l'ennemi, et la commune de Sierck fut sommée de nous renvoyer de suite (27) tous les blessés restés prisonniers dans ses murs, après l'affaire de Kensich, et dont elle avait pris le soin le plus généreux.

Le 27. Le général fit battre la campagne de tous côtés et de tous côtés on lui ramena des prisonniers. La commission d'approvisionnement adressa les réquisitions les plus pressantes aux maires qui n'avaient rien fourni, et nous eûmes la satisfaction de voir notre ravitaillement s'opérer (28).

Toutes les barques que l'ennemi avait rassemblées sur la Moselle, et qu'on ne put amener à Thionville, furent coulées.

Le 28. L'ennemi porta de nouveaux détachemens sur Richemont et Fontoy, un commissaire envoyé par le sous-préfet, fut enlevé par eux.

Le 29. Beaucoup de petits partis hessois parcouraient les campagnes et annonçaient le prochain retour des troupes de leur nation, dans les postes qu'elles avaient occupés autour de Thionville.

Le 30. Sur l'avis donné par plusieurs personnes, que la campagne du côté de Hettange était couverte d'ennemis, le général y fit pousser une reconnaissance de vingt chevaux avec ordre de ne pas se compromettre. Cette reconnaissance trouva de la cavalerie, fut chargée et perdit trois hommes de recrue du 11.e regiment de cuirassiers (29); elle se replia sur les piquets qu'on avait fait sortir pour l'appuyer et qui s'étant avancés jusqu'à la coupure, en chassèrent le détachement hessois qui venait d'y arriver. Un chef et quelques cavaliers se montrèrent dans ce moment sur le point dit le Mouchoir, au-dessus de Guentrange, et une vingtaine de chevaux parurent vers Manom. On apperçut également environ 500 hommes d'infanterie, et un escadron en avant de Gasch. Enfin dans l'après midi, nous n'eûmes plus aucun doute sur le retour de l'ennemi; il replaça une partie de ses postes, mais par la diminution que nous y remarquâmes, nous reconnûmes qu'il était très-affaibli. Toutes les barques se trouvant ou détruites, ou réunies dans notre port, il ne put repasser la Moselle.

Le 31. Le général reçut un parlementaire. Le commandant du blocus demandait des nouvelles de ses prisonniers et de ses blessés ; il nous signifiait que si nous continuions à tirer sur ses petits détachemens, il brûlerait les maisons que les trois plus riches particuliers de Thionville possèdent à Guentrange. Maître d'un pays, l'ennemi peut sans doute y faire beaucoup de mal, mais en bonne guerre cela est-il permis ? peut-on châtier une personne pour les fautes d'une autre ? la raison répond négativement! Ici quoique la chose paraisse semblable au fond, elle ne l'est point par le résultat : le but que se proposait le commandant ennemi, était d'obliger les habitans à des démarches infructueuses, peut-être même à des tentatives, mais bien certainement à des murmures contre le général Hugo. Il me semble qu'il est permis de faire des menaces, d'y ajouter même des dispositions tendantes à y donner suite, mais qu'on ne saurait aller plus loin sans injustice. La guerre a sa moralité, et le principe qu'on ne peut punir une personne pour les fautes d'une autre, ne doit être impunément méprisé par quiconque tient à la réputation d'homme d'honneur : le général Hugo répondit comme il le devait à une pareille menace, et le soir ayant trouvé l'occasion de témoigner combien peu il s'en souciait, il fit comme à l'ordinaire, tirer sur un détachement hessois qui s'approcha trop.

Le ravitaillement de la place continua par la rive droite.

Dans la journée l'ennemi occupa de nouveau les villages situés sur la Fench.

Le général n'ayant plus de garnison, s'efforça de rallier autour de lui tous les hommes isolés de l'armée française dont les villages fourmillaient : il ne put cependant en réunir plus de quarante, qu'il arma de fusils pris sur l'ennemi et réparés à l'arsenal.

AVRIL.

Le 1.er Quelques hommes à cheval passèrent la Moselle au gué de Basse-Ham.

L'ennemi ayant manifesté l'intention d'enlever et de faire servir tous les jeunes gens en état de porter les armes, obligea le général d'envoyer des exprès à tous les villages de la rive droite pour qu'ils fissent réfugier à Thionville tous ceux qui se trouvaient dans ce cas là. Nous avions le plus grand besoin de cette mesure pour augmenter notre garnison, car M. le comte Durutte ne nous avait laissé que nos gardes.

Le canon fut entendu dans la direction de Metz.

Le 2. Vers quatre heures après midi, nous vîmes descendre une quarantaine de voitures sous l'escorte d'environ 1500 fantassins. Presqu'au même instant, nous découvrîmes du haut des tours de la paroisse, une division ennemie qui prenait position en arrière de Richemont, la gauche à la Moselle et la droite au bois de Budange. Nous apprîmes aussi que l'ennemi faisait remonter des barques pour former un pont volant sur cette rivière.

Le 3. Les troupes postées à Richemont en arrière de la rivière d'Orne, y passèrent la nuit du 2 au 3: elles se mirent en mouvement le 3 vers huit heures du soir et descendirent sur Hettange. Nous découvrîmes à l'aide des lunettes deux grandes barques, des pontons et des nacelles entre Ham et Cattenom: des paysans travaillaient sur les rives de la Moselle pour en ouvrir l'escarpement.

Les chefs ennemis firent l'après midi une reconnaissance durant laquelle toutes leurs troupes restèrent sous les armes: il y avait beaucoup de monde à Hettange.

Au milieu de ces mouvemens en tous sens, la place était tranquille, tant la confiance dans le général était grande! à peine la garnison jointe à la garde nationale pouvait-elle relever les postes; mais une surveillance des plus actives, l'inondation des fossés, et le barrage de la rivière, nous garantissaient de toute surprise. L'ennemi n'osait plus passer en vue de la forteresse, et se trouvait dès-lors obligé à des détours considérables et très-fatiguants dans les terres. Nous remarquâmes qu'il faisait relever les ouvrages autour de nous, et qu'il avait de nouveau détourné la Fench. Mais que nous importaient les eaux de ce ruisseau? nos moulins à bras, et ceux mis en action par des chevaux, dans les souterreins de l'église suffisaient à nos besoins, et à ceux des habitans. Ce qui surprendra sans doute, c'est que malgré toutes nos opérations militaires, c'est qu'au milieu des travaux continuels que l'état de la place exigeait, et du blocus le plus serré, nous ayons trouvé le temps et les moyens de préparer pour le cours de la Moselle, un moulin sur bateau, magnifique et transportable sur l'une et l'autre rive. Les pièces de ce moulin, faites d'après les dessins et les soins de M. Prudhomme commandant du génie, sont déposées dans les magasins, et il n'y a plus qu'à les assembler.

Le 4. Un corps de 12 à 15000 hommes passa pendant la nuit dans nos environs, se dirigeant vers Luxembourg et Trêves.

Malgré notre activité à faire rentrer les contributions en deniers sur la rive droite, nous n'en tirâmes presque rien, et les troupes se trouvaient fort mal sous le rapport de la solde (30).

Le 5. Un feu très-vif d'artillerie se fit entendre pendant la nuit dans la direction de Luxembourg, et dura depuis minuit et quart jusqu'à une heure. Les troupes qui nous bloquaient n'étant sans doute pas dans le secret de l'opération sur Luxembourg, ou craignant de notre part une diversion qu'il nous était impossible de tenter, se mirent sous les armes et ne rentrèrent qu'au jour.

Le 6. Selon tous les rapports, les forces réunies autour de Thionville étaient de 8000 hommes, cavalerie comprise. Leur première ligne occupait les hauteurs qui, de Guentrange s'étendent vers Gasch; la seconde était en position sur la lisière des bois de Hettange, en arrière du ruisseau qui traverse la route de Luxembourg au cabaret du Dragon. On travaillait beaucoup à la grande redoute de la Maison rouge. Le parc de l'ennemi n'était cependant composé que de treize pièces de calibre moyen.

Le 7. Il n'était encore rentré aucun des affidés envoyés sur Luxembourg pour s'informer du résultat de l'attaque du 5.

L'ennemi envoya des détachemens à Terville pour enlever le bétail, et nous lui tuâmes quelques hommes : la ligne de ses feux était dans la même position que la veille.

Le 8. Pendant la nuit, le détachement de cavalerie hessoise cantonné à Kœnigsmacher, fut enlevé avec ses chevaux sellés, et conduit dans nos murs avec armes et bagages. M. le capitaine Courtois commandait le parti qui fit ce coup de main.

L'ennemi continuait à enlever le bétail et à piller les villages.

Le 9. Le nombre des prisonniers faits par la garnison, était déjà si considérable qu'il remplissait tous les lieux de détention.

Quelques coups de fusils furent tirés sur nos sentinelles avancées.

Vers huit heures du matin, nous apperçûmes avec les lunettes d'approche, une colonne de 2000 hommes d'infanterie, cinq cents chevaux, quelques pièces de canon et des équipages, qui sortait de Volkrange et remontait vers Metz.

Outre cette colonne 400 hommes couchèrent à Nieucheff et 300 à Morlange.

Le 10. Les troupes passées la veille, prirent position à Richemont en arrière de la rivière d'Orne, la gauche à la Moselle.

Un ingénieur géographe travailla toute la

matinée sur le point dit le Mouchoir, au-dessus de Sainte-Anne.

Un parlementaire ayant été annoncé au général, l'ordre fut donné de l'introduire avec les formalités d'usage. Déjà il était près d'arriver à la porte de l'enceinte, lorsque le général reçut l'avis que les jardins étaient remplis de soldats hessois, qui seulement armés de sabres, cherchaient à s'aboucher avec les soldats français de service à l'avancée, ainsi qu'avec les habitans qui se trouvaient dehors; il envoya de suite le sous-préfet de Prum M. de la Salle, qui remplissait près de lui les fonctions de chef de l'état-major, ordonner au parlementaire de sortir sur le champ des ouvrages avancés, et lui signifier qu'on ne consentirait à le recevoir que lorsque tous les soldats de sa nation se seraient retirés: les canonniers étaient à leurs pièces.

Le parlementaire sortit aussitôt, donna les ordres qu'on exigeait de lui, et fut alors ramené dans la place: c'était un officier attaché à M. le baron de Haynau, commandant la 1re. brigade hessoise du blocus; il remit deux lettres au général, une en français qu'il lut sur le champ et une autre ainsi qu'un bulletin en langue allemande. La lettre en français était de la teneur suivante:

Hettange le 10 d'avril 1814.

Monsieur le général,

« Quoique persuadé que la nouvelle de la
« reddition de la capitale ne vous est plus un
« secret, je m'empresse de vous en donner les
« détails officiels, tant pour vous prouver les
« déclarations humaines et solides des hautes
« puissances alliées, qu'aussi pour vous infor-
« mer des sentimens que le sénat, les autorités
« et la nation française ont déployé à cette oc-
« casion.

« Je répète que c'est la nation française qui
« a déployé ces sentimens, car c'est Paris qui
« depuis des siècles a décidé le sort de la nation
« française, accoutumée à suivre l'exemple de
« sa capitale. Permettez-moi donc, général,
« que je vous prie de me faire part de l'effet
« que ces nouvelles importantes ont fait sur
« votre personne, et de m'assurer que la nation
« française en se donnant une réforme sage et
« salutaire, pourra compter tant sur votre con-
« sentement que sur votre assistance.

« Veuillez me pardonner encore l'observation
« que c'est à présent le moment, pour un vrai
« patriote, de déployer ses sentimens les plus
« secrets, pour ne pas regretter d'être oublié
« ou négligé parmi des milliers de ses compa-
« triotes qui dans peu de jours se déclareront

« pour la bonne cause de la nation française.

« C'est avec la considération la plus haute, etc. *Signé*, le baron de Haynau.

Le général Hugo en accusant la réception de cette lettre, de celle en allemand ainsi que du bulletin qui s'y trouvaient joints, ajouta « qu'il
« ne connaissait aucun des événemens qui lui
« étaient annoncés; qu'avant d'émettre aucune
« opinion sur leur compte, il attendrait les
« communications de son gouvernement; mais
« qu'il ne considérerait ces communications
« comme officielles qu'autant qu'elles lui par-
« viendraient par la voie hiérarchique, c'est-à-
« dire par celle du général en chef de l'armée
« de la Moselle (31).

A peine ce parlementaire avait-il rendu sa dépêche, que déjà M. de Haynau en envoyait un second, pour demander au général une conférence hors de Thionville.

La réponse du général fut : « que les lois de
« la France l'attachaient aux glacis de la place,
« et qu'il ne pouvait déférer à cette demande;
« que si l'objet pour lequel on désirait une con-
« férence était assez important pour qu'on ne
« le pût traiter directement qu'avec lui, M. de
« Haynau était prié de se soumettre aux forma-
« lités employées pour les parlementaires, et
« qu'il serait introduit dans la place ».

Vers huit heures du soir on nous annonça un troisième parlementaire : les loix prescrivaient au général d'éviter les communications avec l'ennemi, d'étouffer dans leur principe les bruits contraires à la défense de la forteresse, et tout ce manège n'avait pour objet que de s'aboucher et d'en répandre. Le général leur fit donc refuser toute espèce d'accès.

M. de Haynau ayant reconnu combien il était difficile d'amener notre gouverneur à une entrevue, prit une autre résolution. Informé qu'un officier de la garde nationale servait près du général, il fut à Cattenom trouver Mme Thierry, mère de ce jeune homme et l'obligea à venir en personne faire savoir au général « que les ar-
« mées alliées étaient maîtresses de Paris depuis
« le 31 mars ; que le peuple et le sénat avaient
« solemnellement reconnu Louis XVIII ; que
« sous peu de jours les affaires de la France
« allaient être fixées pour son bonheur, et celui
« de l'Europe ; que les alliés ayant eu l'honneur
« de produire ce grand résultat, en recueille-
« raient indubitablement tous les avantages,
« mais que par une fatalité des plus grandes,
« les hessois n'ayant été chargés que des opé-
« rations les plus ingrates, celles du blocus des
« places, avaient eu le malheur de n'en pren-
« dre aucune, et qu'il importait, tant à leur

« honneur qu'à leurs intérêts *pour avoir voix*
« *au chapitre*, que la Hesse pût présenter quel-
« ques faits en sa faveur; qu'en conséquence
« et au nom du prince de ****, M. de Haynau
« offrait au général les grades, les honneurs et
« les biens qu'il pourrait désirer, *pourvu qu'il*
« *lui livrât la forteresse de Thionville* ».

M. le général Hugo aurait fait éclater la juste indignation que ces dernières paroles lui causèrent, si Mme Thierry, dont le mari maire de Cattenom était présent, et qui vit bien que ce sentiment allait éclater, ne lui eut fait connaître aussitôt combien il était pénible pour une bonne française d'être forcée au rôle infâme de séductrice; si ses larmes, sa réputation, la conduite de son mari et de ses enfans, réfugiés sous nos yeux dans le sein d'une famille entièrement dévouée à la France, ne l'eussent convaincu qu'elle n'avait pû se dispenser d'une telle démarche.

« Comment, se disait le général, les alliés
« sont entrés à Paris; ils ont rétabli l'ancienne
« dynastie, ils annoncent que l'adhésion a été
« unanime de la part du peuple et du sénat,
« et le premier acte des hessois, en m'annon-
« çant ces événemens, tend à faire de moi un
« traître, à démembrer la France, à lui causer
« la perte d'une de ses places! ne dois-je pas

« me défier d'une semblable nouvelle, et me
« tenir plus que jamais en garde contre les com-
« munications de l'ennemi ?

Quand Mᵐᵉ. Thierry eut fini de parler, le général lui fit en peu de mots la réponse suivante:
« Dites, Madame, au baron de Haynau que je
« n'ai besoin de rien ; que ma seule ambition
« est de bien remplir mon devoir, et de répon-
« dre dignement à la confiance dont on m'a
« honoré, en me donnant le commandement de
« Thionville.

« Ajoutez, que quels que puissent être les
« messages qui m'arrivent désormais, je ne prê-
« terai l'oreille à aucun ; que je sais ce que je
« dois à mon pays, et que je désobéirai même
« à tout ordre, qui m'enjoindrait de remettre
« la forteresse à ses ennemis ».

M.ᵐᵉ Thierry étant partie avec cette réponse, le général fit redoubler les mesures de surveillance, et pour confirmer mieux ce que cette dame allait rapporter, il fit quelques heures après sa sortie de la place, envoyer des obus aux ennemis placés au-dessous de Manom. Nous nous apperçûmes bientôt, que le commandant du blocus n'avait pas goûté l'honorable réponse du général, car il resserra aussitôt ses postes sur la rive droite, et donna l'ordre de tirer sur tout ce qui sortirait de nos avancées.

Dans l'incertitude de l'accueil que le général ferait à Mme Thierry, on avait chargé un étranger, ex-fonctionnaire public d'un des départemens de la rive gauche du Rhin, de se rendre à Hayange, d'y sonder l'opinion sur le compte de cet officier, et de s'assurer si le colonel Fischer qui s'y trouvait prisonnier, voudrait se prêter à quelques démarches envers lui.

Ce colonel, homme aussi brave que plein d'honneur, n'écouta pas sans l'interrompre plus d'une fois, le récit des moyens qu'on voulait tenter pour corrompre le général Hugo, et des espérances qu'on osait en concevoir. « Vous « pouvez venir avec moi, dit-il à l'émissaire, « je vous assure que nous serons l'un et l'autre « bien accueillis par le général, mais je ne vous « réponds pas, si vous lui faites vos propositions, « qu'il ne vous fasse jeter à la Moselle ».

Cet individu ne pouvait comprendre que dans des circonstances comme celles qui se passaient, un gouverneur incertain du sort qui lui était réservé, pût rester sourd à la voix de la séduction ; il fit à cet égard les raisonnemens les plus étrangers aux vrais principes de l'honneur. Informé par les officiers westphaliens, que le général Hugo avait perdu une grande fortune en Espagne, il lui paraissait tout naturel que cet officier s'en fît une nouvelle, par l'acceptation de ses offres : on voit qu'il était loin de penser que la plus belle fortune d'un français est dans l'estime des braves, et dans celle de ses concitoyens !

Un individu arrêté dans la place comme prévenu d'espionnage ayant été amené au général, fut remis sur le champ à une commission militaire conformément aux lois, et acquitté le lendemain.

Le 12. Ne voulant conserver aucune relation avec un ennemi qui n'avait pas su l'estimer assez pour s'épargner des propositions déshonorantes, le général ne fit point baisser les ponts-levis.

Le 13. M. de Haynau s'apercevant de la ferme persévérance du général dans ses résolutions, parvint à faire apporter par un chien un gros paquet contenant des journaux et une lettre à l'adresse du général : lettre dans laquelle il lui exposait tout ce qui s'était passé à Paris, et qu'il terminait encore par la demande d'une entrevue. Le général lui fit la réponse suivante :

« Monsieur le baron,

« Quels que puissent être les changemens sur-
« venus dans le gouvernement de la France,
« vous sentez que je ne puis y ajouter foi sur
« de simples journaux, qui me viennent du

« chef commandant le blocus de la forteresse
« que je commande. Rien d'officiel ni d'hié-
« rarchique sur ces événemens n'est parvenu
« jusqu'à moi ; et M. le général en chef de l'ar-
« mée de la Moselle qui peut si bien et si faci-
« lement communiquer avec moi [a], ne m'en
« a encore rien écrit.

« Les lois de mon pays m'ordonnent d'éviter
« les communications avec l'ennemi: vous l'êtes
« toujours, Monsieur le baron, tant que je n'au-
« rai pas du général en chef l'ordre de vous trai-
« ter différemment. Je ne puis donc avoir de
« conférence avec vous.

« Je vous prie d'agréer etc.

Le 14. Enfin le 14 (avril) nous sûmes à quoi nous en tenir dans la position délicate où les révélations de M. de Haynau avaient placé le général commandant: il lui arriva un officier de l'état-major de M. le général comte Durutte, des dépêches de S. E., et des journaux de Paris: ces dépêches annonçaient l'acte d'adhésion fait à Metz par les premières autorités, et renfermaient la copie d'une lettre de S. E. le ministre de la guerre concernant les événemens qui avaient eu lieu. Les journaux, au nombre desquels était le moniteur, allaient du 31 mars au

[a] En battant chaque fois l'ennemi, comme M. de Haynau l'avait éprouvé.

11 avril, et parmi les pièces à l'appui se trouvait l'abdication (sans date) de l'empereur Napoléon (33).

Au vu de ces pièces officielles, le général fit convoquer le conseil de défense, et lui en donna la plus entière communication : ce conseil, après les avoir lues et bien examinées, déclara unanimement qu'il adhérait à tous les actes du sénat ; le général en rendit compte de suite au général en chef, et le fit aussitôt savoir par un parlementaire à M. le baron de Haynau (34).

Le général, sentant le besoin de communiquer à sa garnison des événemens d'une aussi haute importance, fit le même jour ouvrir dans chaque caserne une salle où il envoya des exemplaires de chaque pièce officielle, et mit cette mesure à l'ordre, afin que chacun pût en aller prendre connaissance : *il en usa de même envers les habitans*, et fit déposer dans un lieu public un double des journaux que le conseil de défense avait examinés

Le 15. Il rédigea les conditions de l'armistice tel qu'il le désirait conclure, et envoya M. de la Salle, son chef d'état-major, les présenter à M. de Haynau. M. de la Salle passa la journée au quartier général hessois, et rapporta le soir au général Hugo ses propositions, non totalement acceptées, mais émargées par M. de Haynau (35).

La réponse aux articles 2, 4, 5, 7 et surtout 8, n'ayant été conforme ni aux désirs du général commandant, ni convenable à la gloire d'une garnison constamment victorieuse, il avisa aux moyens de terminer sans ouvrir de nouvelles discussions. En conséquence il envoya le 16, au matin, la lettre (n.° 36) à M. de Haynau, et reçut de lui sur le soir la réponse (n.° 37): satisfait alors du ton de modération qui y régnait, il lui écrivit la lettre (n.° 38).

Le 17. M. de Haynau passa chez le général une partie de la journée, et régla avec lui la convention (n.° 39) qui fut envoyée à la ratification de S. A. S. le prince électoral de Hesse à son quartier-général de Frisange.

Le 18. Les habitans de Thionville, et des villages voisins commencèrent à éprouver l'effet des principaux articles de la convention, et purent librement circuler à travers les postes hessois, tant pour entrer dans la place que pour en sortir. S. A. le prince électoral et notre général n'étaient cependant pas encore tout à fait d'accord. S. A. ne voulait nous laisser qu'un très-petit rayon autour de la place; le général en voulait un beaucoup plus étendu. « Le prince, « disait-il, a l'intention de m'accorder un rayon

« utile ou non ! s'il ne veut m'accorder que des
« villages épuisés, ces villages me seront à charge
« et j'aime mieux tenir mes ponts levés, que
« de n'être débloqué qu'en apparence ».

Le général insistait donc pour avoir des villages en état de nourrir sa garnison, afin de ne point toucher aux approvisionnemens qui restaient dans nos magasins. Pouvait-on l'en blamer ? s'il était de la prudence de conserver en réserve tout ce qui nous restait de subsistances, dès-lors il fallait obtenir des hessois assez de villages pour que le nombre de rations à fournir journellement ne les écrasât pas. Thionville, une des belles places de la France, méritait bien qu'on ne négligeât aucune des mesures qui tendaient à sa conservation : malgré cela, l'ordre fut envoyé à l'administration de faire manger le reste de l'approvisionnement, et cela quand nous avions encore autour de nous les forces qui nous avaient bloqués, et plus d'un mois avant qu'elles se retirassent. Si les hessois, ou plutôt si les armées alliées se fussent trouvées dans le cas de recommencer les hostilités, les glorieux efforts de trois mois n'auraient pu se renouveler qu'au milieu des horreurs de la famine et des affreuses mesures qu'elle entraîne ! aussi M. le général Hugo crut-il faire son devoir, en résistant à l'exécution de pareils ordres, tant qu'ils n'émanèrent pas de l'autorité qui pouvait lever l'état de siège (40).

Le 19. Une proclamation de M. le préfet de la Moselle, en date du 17 avril, circulait partout : elle annonçait que Thionville n'ayant point encore adhéré aux actes du gouvernement, ce magistrat avait envoyé dans cette place un de ses chefs de bureau (M. Auburtin) qui les y avait fait reconnaître (41).

Cette proclamation fondée sur de faux rapports fut apportée au général et à M. de Haynau, dont la surprise et le mécontentement furent extrêmes. L'un et l'autre durent par beaucoup de motifs douter quel fut l'ouvrage de ce préfet. Comment en effet se persuader que le premier fonctionnaire civil d'un département, pût, sans motifs fondés, annoncer au public dans une pièce datée du 17, et rédigée ainsi qu'elle en contient la preuve, au retour de M. Auburtin, que le 15 avril, Thionville n'avait point adhéré, quand M. Auburtin avait dû apprendre par le sous-préfet, et lui rapporter que l'acte d'adhésion avait été fait, signé et publié le 14 (v. la p. n.° 34.)

Pour améliorer la position des habitans qui souffraient beaucoup du défaut de communications, le général avait fait signifier cet acte le même jour au commandant en chef du blocus et parvenir aussi dans la même journée à Metz (cinq lieues de Thionville) au quartier général de la 3.e division militaire; quel pût donc être le motif de l'inexactitude de date dans la proclamation?

Je ne parle ici de cette pièce que parce qu'elle jeta pendant quelque tems sur le général, et sur les officiers de sa garnison, un mauvais vernis dont l'impression n'est peut-être point encore effacée; que parce que M. l'abbé de Montesquiou pendant son ministère n'a pu puiser que dans des rapports calomniateurs la prétendue révolte de Thionville [a]; qu'enfin ce sont des rapports de même nature, mais dont l'auteur reste ignoré, qui ont valu à plusieurs citoyens, notamment à M. Alexandre, gendre du sous-préfet, cette insolente apostrophe: *vous êtes donc des rebelles à Thionville!* Nous des rebelles! eh pourquoi? est-ce à cause de l'abdication de l'empereur, et de l'avénement de Louis XVIII au trône de ses pères, que nous aurions fixé l'attention de la France par une conduite insensée? jamais nous ne fûmes des rebelles, jamais nous n'eûmes l'odieux dessein de le devenir: nos cœurs vraiment français ne cessèrent jamais de l'être.

MONSIEUR, comte d'Artois, avait aussi été

---

[a] Moniteur du 15 avril 1815, page 3.e au centre de la 2.e colonne.

mal informé sur notre compte : mais loin de précipiter son jugement, S. A. R. envoya MM. de Jordy et de Montravel à Hayange pour s'assurer de la vérité. Ces messieurs députèrent le 17 MM. de Wendel et Parizot vers le général Hugo, pour lui dire qu'ils étaient autorisés à lui accorder ce qu'il demanderait, à transiger même avec lui, au nom de S. M. Louis XVIII, pour conserver la forteresse de Thionville à la France. Quelle fut alors la réponse du général à ces propositions ? La réponse de ce rebelle fut : « qu'ayant le 14 avril adhéré à tous les « actes du sénat, il n'avait aucune transaction « à faire avec Louis XVIII, que sujet soumis « et fidèle il n'avait que des ordres à recevoir « de S. M. »

Cette réponse enchanta les députés, ils demandèrent au général quelque chose d'écrit pour M. le comte Roger de Damas, alors à Nancy, et M. de la Salle fut chargé de porter à ce gouverneur général la lettre (n.º 42) dont la pièce (n.º 43) fut la réponse. (Voilà pourquoi M. de la Salle ne put signer la convention n.º 39).

Le général s'étant abouché le 19 à Hettange avec le chef de l'état-major de S. A. le prince électoral, on discuta beaucoup l'article 6 des propositions (n.º 35). Voyant que le prince y voulait des changemens, qui en faisaient perdre les avantages occultes, le général préféra le supprimer en entier. Son objet qu'on ne pénétrait pas, était d'obtenir que le sous-préfet pût exercer librement ses fonctions, et que les contributions arrivassent au trésor public. Le général ne pouvait mettre la chose en toutes lettres sans apprendre aux hessois qu'elles n'avaient pas été perçues, et sans leur donner l'idée de les lever eux-mêmes. Enfin on tomba d'accord, et la ratification fut signée sous la date du 17, quoiqu'elle ne l'eût véritablement été que le 20.

Après ces glorieux événemens, la garde nationale et les habitans voulurent donner au général un témoignage de leur reconnaissance, et en attendant lui firent remettre, séparément, l'une par son corps d'officiers, les autres par une députation des notables, chacun une adresse qui peignait leurs sentimens d'estime, et de sincère attachement. Ce témoignage recueilli dans le plus grand secret, et à l'insçu du général, ne lui était sans doute pas nécessaire; mais il fut sensible à cette démarche, aussi honorable pour ceux qui la firent que pour celui qui en était l'objet.

Quelque temps après il reçut de S. Ex. M. le maréchal duc de Valmy, ainsi que du ministre de la guerre, les lettres (n.° 44 et 45).

qu'il fit connaître à la garnison par un ordre du jour, moins comme un titre honorable pour lui que comme un hommage rendu à tous les braves qui la composaient, comme une preuve de sa sollicitude pour eux, enfin comme le fondement le plus solide de leurs espérances.

Une demande faite par le général commandant la division, une autre adressée par les habitans, toutes tendantes à conserver le général Hugo dans son commandement, semblaient à la fin accordées, et la lettre ministérielle (n.º 45) en paraissait être une preuve; quel dût-être l'étonnement de tout le monde lorsqu'en septembre, c'est-à-dire dans le mois qui suivit cette lettre, le général Durutte fut informé que le général Curto venait prendre le commandement de Thionville, sans qu'on lui dît rien de relatif au général Hugo. Je ne peindrai point la nature des sentimens que les Thionvillois éprouvèrent à la nouvelle de ce changement inespéré ; leurs regrets ne furent point équivoques, et le petit nombre d'individus qui avaient forcé à sévir contr'eux, et qui n'avait cessé de travailler sourdement à nuire au général, n'osa point manifester sa joie d'un événement qui comblait ses vœux les plus ardens. Le général consola ses amis, justifia même le ministère qu'on accusait d'injustice, et après avoir refusé de puiser dans toutes les bourses qui lui furent ouvertes (46), il remit le commandement à son successeur, et partit pour se rendre dans ses foyers.

Quelques personnes attribuèrent à la proclamation de M. le préfet de la Moselle, ainsi qu'au rapport de M. l'abbé de Montesquiou, la mise hors d'activité du général, et de tous les chefs sans exception, qui concoururent à la défense de Thionville en 1814. Sans doute c'est une particularité remarquable qu'aucun d'eux n'ait été conservé, mais ce serait blesser la justice du Roi que de laisser croire que jamais S. M. ait rien sçu de cette disposition ministérielle.

Le général Hugo a défendu Thionville, mais il n'avait pour commander cette place qu'une commission de M. le maréchal duc de Valmy, aujourd'hui le Nestor des braves ; il n'avait point été confirmé dans son grade en France, quoique officier-général depuis le 20 août 1809 ; et l'on assure que quand le 12 septembre on lui envoya un successeur, la division de la guerre, qui fit le rapport, ignorait qu'il y eût un général à Thionville, quoiqu'il se trouvât plusieurs régimens de ligne en garnison dans cette place, et que depuis le retour du Roi, on eût laissé, lors de la rentrée des garnisons du Rhin et de l'Allemagne, plus de soixante bataillons sous les ordres de ce général. Au reste le Roi n'a pas voulu qu'une action aussi honorable que la défense de cette place appartînt à un général étranger à son service, et il a confirmé M. Hugo dans son grade, à dater du 11 septembre 1813, époque où il avait quitté l'Espagne.

Le général Hugo, militaire au sortir du collège, n'avait jamais connu les douceurs du repos : sa vie entière avait été consacrée à remplir les devoirs nombreux dont on l'avait en quelque sorte surchargé [a]; aussi l'inaction eût-elle été pour lui le comble de l'infortune, s'il n'eût su se créer du travail et bien partager son temps ; pendant qu'il occupait utilement ses loisirs, les événemens extraordinaires de mars 1815 eurent lieu, mais il est probable qu'ils n'eussent point influé sur sa position, si d'autres événemens qui se passèrent à Thionville, et les nouveaux dangers qui menaçaient cette place, ne l'eussent fait réclamer pour le commandement supérieur, par les autorités, par les habitans et surtout par M. le comte Durutte, toujours commandant de la 3.e division militaire.

La nouvelle du retour de Napoléon, avait

[a] Il s'est à la fois trouvé majordome du palais, sous-chef d'état-major du major général des armées françaises en Espagne, S. Exc. M. le maréchal Jourdan, commandant de Madrid, et inspecteur général (unique) de tous les corps formés et à former dans la péninsule.

causé dans les esprits une fermentation générale. Le soldat avait donné des marques d'une joie excessive, et par ses cris avait manifesté des vœux que le départ du monarque, ne fit que rendre plus hardis.

Le général Curto avait cru pouvoir opposer à la manifestation de ces vœux, les siens pour la fidélité aux sermens prêtés au Roi ; il l'avait fait avec l'éloquence d'un soldat, c'est-à-dire avec une franchise dépouillée de toute politique, peut-être même de quelque prudence. Alors, dans un tel conflit d'opinions, la confiance qu'on avait en lui se perdit tout-à-coup. Un complot tendant à le jeter hors des remparts, fut médité dans le secret, et bientôt après exécuté pendant la nuit, avec un silence qui ne permit aux chefs de connaître l'événement que lorsqu'il eût eu lieu. Le commandant d'armes, M. le colonel Dubreuil, fut le seul informé de cet acte de grave insubordination, parce qu'on mena le général à sa porte quand on vint chercher les clefs pour l'expulser de la place.

Thionville venait d'être déclaré en état de siège, par S. Ex. M. le maréchal duc de Reggio. Cette déclaration, nécessaire au milieu d'un ébranlement général, avait jeté les habitans dans l'inquiétude. Leur ville, à la veille du plus grand des dangers, se trouvait sans général.

On pouvait en envoyer un de Metz, mais il ne serait peut-être pas connu! aucun ne l'était à leurs yeux par de plus honorables services que l'homme qui lors du blocus de 1814 leur avait donné tant de preuves d'activité, de valeur, et de glorieux désintéressement. Chacun prononça son nom; ce nom devint un vœu unanime, et de toutes parts le général Hugo fut réclamé. Ce qu'il y a de plus étonnant dans cette circonstance, c'est que le même accord de sentimens se soit rencontré avec la demande faite par M. le comte Durutte, quoique celle de Thionville ne lui eût pas encore été communiquée.

Cependant le général Hugo n'avait rien demandé à Napoléon : par l'effet de l'oubli de ce prince, pendant la campagne de 1814, le général qu'il avait rappelé au service de France, et qui ne devait son grade qu'à la demande du major-général des armées françaises, pour les services importans qu'il leur avait rendus à l'époque de la bataille de Talaveyra, était du petit nombre de ceux dont on ne s'était point occupé, et se retrouvait sans brevet, sans lettres de service pour la France, enfin dans la même position qu'à l'époque de la malheureuse bataille de Vitoria, c'est-à-dire général espagnol et aide-de-camp du prince Joseph; encore, pour remplir ce dernier emploi, lui eût-il fallu du ministère français des lettres de service qu'il ne reçut jamais.

Dans cet état de perplexité, n'ayant rien à craindre de sa conscience puisqu'il avait rempli tous les devoirs d'un bon citoyen et d'un guerrier fidèle à sa patrie, il n'avait, malgré ses droits à être favorablement écouté, encore arrêté, au 31 mars, aucun plan de conduite pour l'avenir, lorsqu'il reçut l'invitation de se rendre de suite près S. Exc. le prince d'Ekmühl.

Ce prince, plus vaillant que complimenteur, l'ayant admis à son audience, lui dit devant un cercle nombreux : *général, vous allez partir dans un quart d'heure pour Thionville. Les vœux les plus honorables vous y rappellent; la garnison, les habitans, les autorités, le général commandant la division; il n'y a qu'une voix pour que vous en repreniez le gouvernement : C'est un bel hommage rendu à vos talens et à votre conduite!*

Cet ordre inattendu, ces vœux unanimes, le consentement surtout de Napoléon, remplirent le cœur du général de mille sentimens divers. Pouvait-il se refuser à un témoignage si éclatant d'estime, de confiance et d'attachement? Non sans doute; il accepta donc la défense d'une place envers laquelle il avait déjà rempli de si beaux engagemens, et il quitta la capitale pour se rendre à Thionville.

Le lendemain de son arrivée, et de bonne heure, le général fit une visite au général Marie, son ancien camarade, qu'on avait envoyé dans la place pour en prendre le commandement provisoire. Après s'être longuement entretenus, tant sur ce qui venait d'être fait que sur ce qui restait à faire, la conversation devint plus intime. — *Vous êtes très-aimé, très-estimé ici*, lui répéta plusieurs fois le général Marie; *on ne vous y fait qu'un seul reproche*, CELUI DE NE VOUS ÊTRE PAS BIEN ENTOURÉ!

Le général Hugo sentit bientôt d'où jaillissait la source d'un reproche aussi peu mérité. L'intérêt particulier qui envenime tout quand il est froissé; l'esprit de faiblesse qui ne convient de rien quand ses choix ne réunissent pas le vœu de l'autorité ou du parti dominant, voilà les deux causes du reproche, non du général Marie qui ne le répétait que pour donner un bon conseil, mais de quelques individus! Or, de qui le général Hugo, qui faisait tout par lui-même, sentait-il le besoin de s'entourer? N'avait-il pas les chefs militaires et les officiers de son état-major? C'est des membres de la commission d'approvisionnement dont on a voulu parler, et le président seul avait des rapports de service à faire au général; là se bornaient leurs relations. Mais cette commission avait été

contrainte à de sévères menaces envers les récalcitrans. Ceux-ci après avoir sourdement publié qu'elle était sans droit pour requérir, re-
cherchèrent quelles opinions un ou deux de ses
membres avaient manifestées pendant les jours
orageux de la révolution, et crurent y trouver
des raisons d'avilissement. Le général, dont
l'ame était franche, les vues droites, le courage
même au-dessus de l'ingratitude et de l'adver-
sité, ne laissa point persécuter des hommes qui
avaient bien servi ; il les soutint envers et contre
tous, et son ardeur à les défendre dut faire
croire que seul il les avait choisis et maintenus,
puisque seul il les défendait. — *Je ne suis point
venu*, disait-il à leurs détracteurs, *pour scruter ici
de vieilles opinions, mais pour servir utilement
le prince et la patrie. Je ne leur connais d'amis
que ceux qui leur montrent du dévouement
par des faits.*

Arrivé dans la forteresse, le général continua
sa mise en état de défense. Le reculement de
nos frontières avait, comme je l'ai précédemment exposé, laissé couvrir ses environs jusqu'à
la queue des glacis, par une forêt d'arbres frui-
tiers et une grande quantité de maisonnettes.
Le hameau de Haute-Yutz rapproché de l'enceinte par les ouvrages de Cormontaingne, était
depuis plus d'un demi-siècle désigné par le génie

comme très nuisible à la défense du fort, et de ce point comme de plusieurs autres non moins rapprochés, on pouvait dans une nuit ouvrir impunément la tranchée à soixante mètres du chemin couvert. Il fallut remédier à ces graves inconvéniens, et mécontenter les citoyens au moment où l'on avait le plus besoin de leur affection.

On crut alors pouvoir paralyser la volonté ferme du général, en lui objectant qu'en 1814 il n'avait fait qu'ététer les arbres et abaisser les haies : cela était exact ! Mais à cette époque sa position était grandement différente de ce qu'elle fut en 1815 (V. note 10). En 1815 la guerre allait éclater dans la plus belle saison ! Luxembourg tenait dans ses arsenaux, tout ce qu'il fallait pour la destruction de Thionville et de Longwi ! ce n'était donc plus le moment de s'arrêter à des demi-mesures !

Thionville ayant été désarmé après la paix de 1814, le reste de ses approvisionnemens fut remis au service courant. A l'époque des événemens du 20 mars, la garnison de cette place était composée de deux régimens d'infanterie de ligne, et d'un régiment de cuirassiers presqu'entièrement démonté.

Les dispositions qui suivirent ces événemens ayant fait appeler les bataillons d'élite de la garde nationale à former la garnison des places, les troupes de ligne furent réunies en corps d'armée. Sept de ces bataillons, appartenant aux départemens de la Moselle et de la Meurthe, furent affectés à la défense de Thionville et des forts de Sierck et Rodemack, que le génie eut ordre de faire réparer, et que M. Lanternier, commandant du génie, fit mettre en très-bon état.

Pendant qu'on organisait, disciplinait et instruisait ces bataillons, Thionville disposait l'emplacement de ses batteries, en armait quelques-unes, rétablissait ses approvisionnemens en subsistances, disposait des blindages pour leur sûreté, rechargeait les magasins à poudre reconnus trop faibles, palissadait toutes les places d'armes rentrantes, le chemin couvert des jonctions, et les gorges de plusieurs ouvrages avancés. Enfin on y fraisait celles des lunettes, et le contour du fer à cheval de l'île supérieure.

Les environs de la place furent découverts à 500 mètres seulement, et au grand regret du général le hameau de Haute-Yutz se trouva compris dans le razement.

Toutes les barques avaient été réunies près du pont couvert, pour empêcher le passage de la Moselle; on barra bientôt cette rivière à son entrée dans la place et à sa sortie.

8.

Les nouvelles insérées dans les journaux du nord annonçaient toutes la guerre et des marches de troupes. Les proclamations emphatiques du diplomate allemand Justus Gruner, prédisaient les plus affreuses calamités, et le rassemblement des forces prussiennes et bavaroises sur notre frontière nord-est devenaient chaque jour plus considérables. On parlait partout du renouvellement des hostilités comme très-prochain, et le partage de la France paraissait entrer dans les vues de plusieurs puissances.

Attentifs à ne point dépasser la ligne, les détachemens de Thionville, Sierk et Rodemack, placés sur notre frontière, se bornaient à observer l'ennemi et à ne point l'offenser. Malgré cela notre territoire fut plusieurs fois violé par des patrouilles qui furent repoussées; les unes par de valeureux préposés des douanes, les autres par des gardes nationaux de la Moselle et de la Meurthe encore vêtus en paysans : le jeune sous-lieutenant Bonaventure se fit même remarquer dans une de ces rencontres.

Jusque-là ces hostilités étaient en quelque sorte sans caractère ; le manque d'une bonne ligne de démarcation faisait attribuer encore ces violations plutôt à l'erreur qu'à la volonté de l'ennemi : mais on ne tarda pas à s'apercevoir que l'on avait tort d'imputer ce qui se passait à cette première cause, et que c'était le fruit d'ordres donnés. La diligence de Thionville à Luxembourg reçut des prussiens la défense de revenir, et bientôt (le 25 juin 1815) le fort de Rodemack défendu par 250 gardes nationaux de la Moselle et de la Meurthe, bien armés, mais mal équipés et sans uniforme, fut attaqué par le prince de Hesse-Hombourg, à la tête de plusieurs mille hommes, de quatre pièces de canon et de plusieurs obusiers (47).

Ce fortin, commandé par MM. de Varda et Martin, et que les prussiens s'étaient flattés d'enlever aisément, fit une si vigoureuse résistance qu'après quatre heures d'un feu très-soutenu, ils furent obligés de se retirer, avec une perte avouée par eux de quelques cents hommes tués ou blessés. La nôtre serait incroyable si les témoins n'en existaient encore, elle ne fut que de trois gardes nationaux.

Au moment de cette attaque on parlait de paix, de la nouvelle abdication de Napoléon, de l'envoi de plusieurs commissaires près des souverains alliés, et le général Hugo saisit cette circonstance pour proposer au prince de Hesse-Hombourg une suspension d'armes afin de sauver Rodemack des suites d'une seconde attaque (48). Cette proposition eut l'effet qu'il en attendait, et les prussiens, après avoir un peu pillé notre frontière et la leur, se retirèrent à Luxembourg (49).

Le 25 juin, le jour même que cette convention eut verbalement lieu, M. le lieutenant-géral Czernitchef, commandant l'avant-garde de l'armée russe qui marchait sur la Moselle, fit sommer le général Hugo, par un colonel, de remettre la place à S. M. l'empereur Alexandre. Sur la réponse négative qui lui fut faite, le parlementaire se retira, et dès le jour même les communications de Thionville avec Metz furent totalement interceptées.

JOURNAL
DU SECOND BLOCUS.

Juin 1815.

25. La gendarmerie de Roussi se retira sur Thionville, ainsi que celle de Bouzonville, cette ville ayant été occupée par les russes.

Le nombre des combattans était de 150 officiers et 3848 sous-officiers et soldats, non compris la gendarmerie et les préposées des douanes.

On augmenta l'approvisionnement de Sierck et de Rodemack, en sel et en farine pour un mois de plus.

26. Une reconnaissance de cavalerie bavaroise s'avança sur le front d'Yutz à demi-portée du canon; nos tirailleurs soutenus par une réserve s'engagèrent avec elle, et le fort lui tira quelques coups de mitraille.

Un officier prisonnier fut rendu sur parole, d'après la demande de M. le prince de Hesse-Hombourg.

27. Un parlementaire prussien, envoyé par ce prince au général russe Czernitchef, obtint la

permission de traverser la place les yeux bandés. Sa mission avait pour objet de s'informer du parti que ce général voulait prendre sur la proposition d'armistice du général Hugo.

Les troupes prirent les armes pendant la nuit pour des coups de fusils tirés des ruines de Haute-Yutz, sur les sentinelles du fort : cette alerte n'eut point de suites.

Les russes, sur l'indication qui leur fut donnée, passèrent la Moselle au gué entre Uckange et Richemont. Alors plusieurs militaires qui croyaient encore sûre la communication entre Metz et Thionville, furent faits prisonniers et conduits en Russie.

Quelques individus employaient tous les moyens imaginables pour faire déserter les gardes nationaux, et faire tomber la forteresse au pouvoir des coalisés.

Le 28. Des coups de fusils furent tirés pendant la nuit contre les sentinelles des ouvrages extérieurs.

Les russes évacuèrent presqu'entièrement Kedange, et n'y laissèrent qu'environ 25 hommes; ils se portèrent sur Briey.

Les deux compagnies de grenadiers des bataillons d'élite, qui avaient si valeureusement résisté à l'attaque du général prince de Hesse-Hombourg, désertèrent presqu'en entier de Rodemack, épouvantées par les insinuations de quelques habitans qui ne cessaient de leur répéter qu'on allait les attaquer de nouveau, qu'elles seraient prises, et qu'on pendrait les hommes qui les composaient, parce qu'ils n'étaient point vêtus d'uniformes.

Le commandant demanda du renfort, et le général lui envoya une compagnie de grenadiers du 6.ᵉ bataillon de la Meurthe, avec un détachement de préposés des douanes.

Le 29. On travaillait la garnison par tous les moyens qui avaient causé la désertion totale de celle de Rodemack, et le général fut obligé de prendre des mesures fortes pour les rendre nuls.

Ces moyens venaient de réussir à Sierck: la garnison en était presqu'entièrement partie, et le reste menaçait d'abandonner le poste, si de suite Thionville n'y faisait passer des renforts. Le général y envoya également une nouvelle garnison, prise moitié dans les préposés des douanes, et moitié dans les bataillons d'élite. Il fit retirer sous le canon de la forteresse tout le bétail des villages voisins. Ayant dès le premier jour du blocus réglé la ration de viande à six onces, il ordonna le remplacement des deux onces diminuées par une de légumes secs, dont les magasins étaient assez abondamment pourvus.

Le 30. Il n'y eut rien de nouveau devant la place, mais de tous côtés on attendait des russes.

JUILLET.

Le 1er. La désertion continuait à Thionville, à Sierck et à Rodemack, malgré toutes les mesures pour l'arrêter. Déjà les commandans de ces dernières places se trouvaient malgré leurs derniers renforts réduits aux officiers, à quelques sous-officiers, ainsi qu'aux préposés des douanes ; et malgré le dévouement admirable de ces braves, ils demandaient de nouveaux détachemens. Cette demande embarrassait singulièrement le général ; Thionville était à ses yeux, et pour la France, d'une toute autre importance que Sierck et Rodemack, et il lui répugnait beaucoup, d'après le mauvais esprit suggéré à sa garnison, de l'envoyer déserter toute de ces deux points : il donna néanmoins à ces commandans de nouveaux moyens de se soutenir.

Le 2. Il y avait toujours peu de monde à Kedange : personne ne se montrait sur la route de Longwi. Le général reçut des nouvelles du général Thomas renfermé dans Sar-Louis.

Le 3. Nous apprîmes par des militaires retraités, les détails des premières opérations dirigées contre Longwi. On entendait depuis le matin le canon dans la direction de cette place, défendue par le vieux et brave général Ducos.

Il était fortement question à Luxembourg du démembrement de la France, et l'on désignait déjà les provinces qui devaient tomber en partage à quelques puissances de l'Allemagne.

Le 4. Le général Hugo tenait toujours la campagne, et entretenait par sa cavalerie (les douaniers et les gendarmes à cheval) la liberté de ses communications avec Sierck et Rodemack. Le chef d'escadron Stephen observait et contenait l'ennemi sur la frontière du Luxembourg.

Le 5. Les russes frappaient de fortes réquisitions dans nos environs et ceux de Sierck.

La nouvelle de l'occupation du département de la Meurthe par les alliés causait beaucoup de désertion dans les bataillons de ce département, les gardes entières partaient à la fois en nous laissant leurs armes.

Les troupes qui agissaient contre Longwi, au nombre de 5 à 6000 hommes, étaient toutes de la garnison de Luxembourg : on entendait continuellement le canon dans la direction de la première de ces places.

Le 6. Le canon ne discontinuait pas devant Longwi.

Les prussiens observaient la route de Metz par des détachemens placés à Haucour et Villers-la-Montagne.

Le 7. Le chef du 12°. de la Moselle ayant rendu compte que son bataillon mutiné ne voulait point aller à l'exercice, s'il n'était complètement soldé ; et qu'il se disposait à s'emparer à main armée d'une des portes pour sortir de la ville, le général se rendit aussitôt près de cette troupe, la fit obéir, et fit arrêter les chefs de la sédition.

A cette époque, et malgré les plus grands efforts, le général ne pouvait réunir que peu de fonds en caisse. En attendant que la solde pût être payée en totalité, il faisait journellement donner un à-compte de 10 centimes par homme.

Plusieurs déserteurs arrêtés furent livrés à des conseils de guerre spéciaux.

Une reconnaissance de cavalerie ennemie se présenta devant le fort de Yutz, on la fit promptement retirer.

On entendait toujours le canon vers Longwi.

Tous les villages des environs étaient remplis de déserteurs de la grande armée.

Le 8. Une vingtaine d'hommes à cheval parurent sur la route de Metz et enlevèrent des chevaux de paysans.

Un déserteur fut condamné à sept ans de travaux publics, par un conseil de guerre spécial. Un grenadier fut aussi condamné à la peine de mort pour désertion par escalade avec armes et bagages.

Des tribunaux militaires, autres que les conseils spéciaux, étaient chargés de remplacer les tribunaux ordinaires dans la connaissance des délits, conformément à l'article 103, chap. 4 du décret du 24 novembre 1811.

Les cosaques qui étaient à Kedange en partirent et se dirigèrent sur Hombourg.

Le 9. On entendit beaucoup le canon dans la direction de Longwi.

La désertion continuant malgré les condamnations prononcées par les conseils spéciaux, le général fut obligé de faire rentrer tous les postes extérieurs, et de se borner à la garde des avancées et du corps de la place.

La garnison se trouvait déjà réduite à 147 officiers et 3584 sous-officiers et soldats, compris les préposés des douanes, mais non compris les garnisons de Sierk et Rodemack.

Le 10. Le général fit organiser la garde nationale sédentaire dans les villages de son arrondissement, sur la rive gauche de la Moselle, afin de faire arrêter les déserteurs par les patrouilles de cette garde, du zèle patriotique de laquelle il eut dès ce moment et toujours beaucoup à se louer.

Le 11. Une colonne composée de corps francs, aux ordres de M. le maréchal-de-camp Meriage, se présenta dès le point du jour à la hauteur de Beauregard; le commandant supérieur en alla faire la reconnaissance, et s'étant abouché avec ce général, qui lui remit des ordres de S. Exc. M. le comte Aug. Beliard, commandant en chef des 3e. et 4e. divisions militaires, la laissa entrer dans la place, où elle prit quelque repos et fut renforcée de quatre bouches à feu, de leurs caissons approvisionnés, et de 500 hommes de sa garnison.

Le grenadier du 1er. bataillon de la Meurthe, condamné le 8 à mort pour désertion, par un conseil spécial, fut passé par les armes en présence des troupes assemblées.

Nous apprîmes le soir, par des lettres particulières, que les coalisés étaient entrés à Paris.

Le 12. A quatre heures du matin la colonne du général Meriage se mit en route se dirigeant sur Longwi.

On entendait toujours le canon du côté de cette place.

Un chasseur du 4e. bataillon de la Meurthe, convaincu de désertion, fut condamné à la peine capitale: comme on devait concevoir l'espérance que l'exemple de la veille serait d'un grand effet, le général prit sur lui de surseoir à l'exécution du condamné [a]

[a] Elle n'eut pas lieu.

Le 13. Le bruit courait que l'opération dirigée contre Longwi, avait réussi complètement.

Les gardes nationales sédentaires des villages environnans, arrêtaient les déserteurs de la grande armée, les amenaient au général et celui-ci les organisait en sapeurs pionniers.

Les russes avaient dû recevoir l'ordre d'accélérer leur marche.

Le 14. La colonne du général Meriage revint de son expédition, remit à Thionville les canons et les caissons que cette place lui avait prêtés, et se proposa d'y prendre un séjour. Elle avait surpris le prince de Hesse-Hombourg dans sa position autour de Longwi, lui avait fait deux cents prisonniers, et enlevé plusieurs bouches à feu. Sa perte n'était point considérable en proportion de celle des prussiens : forte d'environ 1400 hommes, cette colonne en avait mis 6000 en pleine déroute.

Le 15. Pendant la nuit du 15 au 16, un corps franc sortit de la place. Les projets de plusieurs individus de ce corps, contre une classe de citoyens, nécessita des mesures très-vigoureuses de la part du général, lequel fut parfaitement secondé par M. Clerget, directeur des douanes, et les préposés à ses ordres. Ce corps franc prit la route de Bouzonville.

Le 16. Le général Meriage partit le matin

avec les chasseurs de Lorraine. Le général Hugo lui donna un renfort jusqu'à Metz.

Beaucoup de gardes nationaux des bataillons d'élite, séduits par l'espérance de s'échapper au milieu du désordre qui devait avoir lieu, pendant la nuit, avaient promis aux partisans (sans doute à l'insçu de leurs chefs) de se joindre à eux, de sorte que pendant la nuit du 15 au 16, loin de pouvoir compter sur la totalité de ces bataillons, le général commandant fut obligé d'en comprendre une partie, dans ses mesures de haute police. On doit dire ici à la louange des officiers et sous-officiers de ces bataillons, que ces mesures ne les concernaient pas, et que le général n'a pas un instant cessé de compter sur leur attachement aux lois de la discipline.

Le général Meriage emmena les prisonniers à Metz.

Le 19. Le 11e. bataillon de la Meurthe destiné pour Longwi arriva de très-bonne heure à Thionville ; le général pour favoriser son mouvement le fit appuyer par un renfort de toutes armes.

Le 18. Le général en chef ayant fait passer dans Thionville l'avis de la soumission de l'armée de la Loire, le conseil de défense et la garnison firent aussi la leur.

Le 19. Alors MM. Clerget, directeur des

douanes, Malye et Boulan, chefs de bataillon, partirent pour aller déposer l'acte de soumission aux pieds de S. M. à Paris : le conseil général de la commune envoya aussi une députation au nom des habitans.

Le détachement qui avait renforcé le 11e. de la Meurthe dans la journée du 17, rentra après s'être battu en route avec les prussiens qui l'avaient attaqué.

Longwi s'attendait au retour très-prochain du corps qui l'avait assiégé.

Le 21. Le général ayant proposé au prince de Hesse-Hombourg, de conclure une convention pour la cessation des hostilités, entre les troupes sous leurs ordres, S. A. répondit qu'elle écrirait en conséquence au général Blücher. Elle envoya son chef d'état-major à Thionville pour faire entrevoir cette convention comme facile, si, pour préliminaires nous livrions une ou deux portes de la forteresse. Cette proposition si peu d'accord avec les grands principes de désintéressement proclamés par quelques puissances alliées, fut rejetée de la manière la moins équivoque.

Le 22. Le drapeau royal fut, par les soins de la mairie, élevé sur la principale tour de la ville, et les troupes changèrent de cocarde.

Malgré la soumission évidente de la place,

et l'importance de la conserver au Roi, des hommes d'une extrême inconséquence continuaient à exciter les troupes à la désertion.

Le 23. Les forts de Sierck et de Rodemack arborèrent le drapeau blanc.

Le 24. L'entrée dans la place fut refusée à un corps de partisans. Le motif de ce refus envers un corps français, était fondé sur ses dispositions à l'embauchage, et sur les craintes que son peu de discipline ne devînt funeste aux habitans et à la garnison.

Une reconnaissance prussienne se présenta sur les hauteurs de Guentrange.

Le 25. Le général fit partir deux officiers, pour renouveler au prince de Hesse la demande d'une convention qui empêchât S. A. de commettre des hostilités.

Le 26. 150 voitures de munitions sortirent de Luxembourg se dirigeant sur Mézières.

Le 27. Les parlementaires du général lui rapportèrent une réponse du prince de Hesse, qui représentait de nouveau que des ordres du général Blücher l'empêchaient d'écouter aucune proposition, et qui annonçait l'arrivée prochaine des 5ᵉ. et 6ᵉ. corps de l'armée prussienne dans les environs de Thionville.

M. Yost, officier supérieur commandant de Sierck, rendit compte au général que le 26 on l'avait sommé de rendre son fort, et qu'il avait répondu en serviteur fidèle de S. M.

Le 28. Il y avait beaucoup de prussiens sur nos frontières. Une colonne s'avança sur Frisange, avec beaucoup de munitions de guerre et de projectiles creux. Une de ses reconnaissances se porta dans la journée sur Rodemack.

Il restait encore environ 4000 hommes dans la place y compris l'artillerie de ligne, et celle de la garde nationale sédentaire, ainsi que le corps des douanes, mais la désertion des gardes nationaux avait lieu par postes entiers, nonobstant toutes les mesures pour en arrêter l'effet (v. note 50).

Malgré sa soumission au Roi, et les preuves de cet acte, manifestées par le rétablissement des couleurs blanches, Rodemack fut de nouveau sommé d'ouvrir ses portes aux prussiens.

Alors toutes les lunettes de la place de Thionville furent armées et occupées. Leur fossé fut inondé, et la garde nationale sédentaire fut complètement armée.

Quelques coups de canon furent entendus vers Rodemack.

De fortes patrouilles ennemies s'avancèrent par la route de Luxembourg jusqu'à la Maison-Rouge, point très-rapproché de Thionville.

Le 30. Les troupes prussiennes stationnées

sur la rive droite de la Moselle, passèrent cette rivière avec leur artillerie, en publiant partout qu'elles se dirigeaient sur Rodemack. Ce fort était déjà cerné par elles; et ni les lettres, ni les officiers que le général y envoya, ne purent y pénétrer, malgré l'assistance des gens du pays.

Le 31. Rodemack, quoique très-soumis au Roi, comme on l'a vu plus haut; quoique manifestant au loin sa soumission par l'élévation du drapeau blanc; Rodemack fut attaqué par les prussiens! Cent trente-deux coups de canon furent tirés de part et d'autre. Après cette tentative, aussi infructueuse que déloyale, les soi-doisant alliés se retirèrent et prirent position dans les villages environnans, qu'ils traitèrent en ennemis.

Le décret de licenciement des gardes nationaux fut apporté dans la place, et nous causa beaucoup de désertion.

AOUT.

Le 1er. La lecture de ce décret porta les gardes nationaux à refuser le service, à s'armer, à repousser leurs officiers et à marcher vers les portes pour les forcer et partir ensuite avec armes et bagages. Les bataillons de la Meurthe entrèrent plus particulièrement dans ce complot, partagé néanmoins par quelques bataillons de la Moselle.

Après les tentatives nécessaires pour ramener à l'ordre cette multitude d'hommes sourds à la voix de leurs chefs, le général se vit dans l'obligation de faire battre la générale, afin de diviser les mutins. Il fit alors successivement enlever ces derniers, envoya les 1er. et 4e. de la Meurthe dans les îles et sous le canon du fort.

Le blocus de Rodemack continuait.

Le 2. Il y eut une désertion épouvantable dans les 1er. et 4e. de la Meurthe. Le général reçut l'ordre de ne point laisser entrer de troupes étrangères dans la place, et de faire construire pour leur passage un pont au-dessus ou au-dessous.

Le bruit courait que les prussiens avaient beaucoup souffert dans leur attaque sur Rodemack.

Le 3. Les prussiens construisaient des ouvrages devant ce fort, et manifestaient l'intention d'en commencer le siège. Leurs vexations envers les paysans étaient déjà si peu supportables, que plusieurs communes firent demander au général s'il les soutiendrait en cas qu'elles prissent les armes contr'eux. Le commandant supérieur ne put que les exhorter à la patience, mais M. le général Aug. Béliard protesta très-énergiquement contre ces hostilités, odieuses envers les peuples d'un prince que les coalisés se vantaient hautement de ramener sur le trône de ses pères. La désertion continuait, sourdement excitée par des individus impatiens de ne pas voir les alliés au milieu d'eux. « *Ne sont-ils pas là ? répétaient-ils sans cesse dans leur langage hypocrite*, ne sont-ils pas là pour remettre nos places au Roi quand on les leur aura rendues? » Etait-ce dans le dessein de remettre à S. M. des places dont l'expérience des généraux et la soumission des citoyens lui garantissaient la possession, que les prussiens faisaient reconnaître Thionville, et qu'ils lui réservaient le même traitement qu'à Longwi?

Le général crut pouvoir apporter un palliatif à la désertion en faisant accorder un certain nombre de congés limités par compagnies.

Le 4. Les prussiens levèrent le siége de Rodemack, se retirèrent sur Luxembourg, et de là marchèrent sur Longwi. Ils emmenèrent avec eux plusieurs notables de nos environs.

Le 5. Le général ayant aussitôt pris des mesures fortes pour la remise de ces ôtages, apprit bientôt qu'on les avait rendus à leurs foyers.

Le 6. Plusieurs patrouilles prussiennes parurent sur notre territoire et enlevèrent à Roussi deux préposés des douanes, et le cheval d'un gendarme. Le général réclama de suite et ces hommes et ce cheval, mais ce fut inutilement;

on voulait des hostilités de notre part et non des réclamations, pour avoir un prétexte de nous attaquer.

Le 4e. de la Meurthe refusa le service, les officiers et sous-officiers étaient dans la consternation.

Le 7. Plusieurs villages de notre frontière furent occupés de nouveau par les prussiens: leurs reconnaissances furent même poussées jusqu'à Hettange, et répandirent le bruit qu'on allait attaquer de nouveau Rodemack.

On entendit pendant toute la journée le canon dans la direction de Sedan.

Le 8. La désertion avait lieu d'une telle manière que le général ne pouvait plus confier un seul poste aux gardes nationaux, et se trouvait dans l'obligation de les remettre tous à la garde nationale sédentaire, ainsi qu'aux fidèles préposés des douanes.

Le bruit de la prise de Sedan était général. Un colonel dit à Cattenom que les prussiens allaient porter tous leurs moyens offensifs contre Longwi. Nos environs étaient remplis de russes, mais leur bonne discipline ne les rendait à charge à personne. Leurs vues étaient franches; ils n'étaient venus, disaient-ils, que pour culbuter un homme dont le génie les effrayait, et pour replacer sur le trône de France un prince d'un caractère plus pacifique.

Le 9. Les ordres pour le licenciement des bataillons de gardes nationaux parvinrent officiellement à Thionville,

(Le 10) et comme la désertion les avait extraordinairement affaiblis, cette opération fut si rapidement conduite que dès le soir il ne resta plus dans la place que les comptables, et les conseils d'administration.

N'ayant plus que les préposés des douanes, et une faible garde nationale sédentaire, le général, qui se méfiait de la foi des prussiens, prit le parti d'inonder nos fossés sur la rive gauche de la Moselle : on n'avait pu procéder à cette opération défensive, à cause des éboulemens qui avaient eu lieu dans la nuit du 10 au 11 février 1814 ; mais le général depuis son retour à Thionville, avait fait élever un batardeau en terre par les soins de quelques officiers des bataillons de la Moselle, de M. Toussaint notamment, et cet ouvrage venait d'être achevé.

Les prussiens quittaient les villages de notre arrondissement, et s'y trouvaient à la grande satisfaction des habitans, remplacés par des russes.

Le 11. Nous entendîmes une cinquantaine de coups de canon vers Longwi.

Le 12. Il restait pour la défense de Thionville contre tous projets ennemis, 33 canonniers de ligne du 5ᵉ. régiment, 574 préposés des douanes, et la garde nationale sédentaire, que le général espéra pouvoir porter à 500 hommes présens.

Le manque absolu de fonds obligeait le général à continuer la fourniture des vivres de campagne. Comme les russes croyaient devoir ne rien laisser entrer en ville, les subsistances y renchérissaient prodigieusement.

Le 13. Le service courant commença le service des distributions, mais comme il n'avait point d'avoine, le général autorisa le commissaire des guerres à lui en faire prêter 112,000 litres, formant le quart de l'approvisionnement de siége. Il prescrivit ensuite de n'y plus toucher sans un ordre ministériel.

Le 14. Une vingtaine de cavaliers russes s'étant avancés sur le chemin qui longe la queue du glacis, et n'ayant pas compris les canonniers qui leur faisaient signe de se retirer, obligèrent à tirer quelques coups de fusils par-dessus leurs têtes.

Dans un entretien que le général eut la veille à Beauregard, avec M. le général russe Suthow, il fut convenu qu'il ne serait mis de la part des troupes aux ordres de ce dernier, aucun empêchement à la circulation des denrées et que de son côté notre général laisserait sortir de la place toutes les marchandises qu'on peut se procurer par la voie du commerce, à l'exception de celles qui pourraient nuire à notre défense.

Le 15. Les troupes par leur présence concoururent à la solennité de la double fête de l'Assomption et du vœu de Louis XIII. La jeune compagnie d'artillerie, formée d'enfans de douze à quinze ans, y assista et fit toutes les salves avec ses pièces de canon, en attendant l'occasion de les servir contre l'ennemi.

Le 16. Le commandant prussien de Luxembourg fit défense à la diligence de Thionville de revenir, en disant au conducteur que les affaires n'étaient pas terminées.

Deux soldats russes, prisonniers de guerre à Thionville, furent renvoyés au général Suthow, en témoignage de bonne amitié.

Nous apprîmes que Longwi, toujours attaqué par les troupes prussiennes, quoique très-soumis au Roi de France, refusait de se rendre, et leur avait fait éprouver beaucoup de pertes; que le 12 il avait été convenu entre le général Ducos et le prince de Hesse-Hombourg que tous deux enverraient des commissaires à Paris, et que les hostilités seraient suspendues jusqu'à leur retour. Les prussiens occupaient une partie de la ville basse, les français occupaient l'autre.

Il n'y eut rien de nouveau dans Thionville les 17, 18 et 19 août.

Le 20. Le général commandant supérieur reçut la convention signée, pour Thionville, avec les troupes aux ordres de M. le général russe comte de Langeron.

M. Clerget, directeur des douanes étant parti le même jour pour aller organiser la ligne sur la frontière du côté de Longwi, le prince de Hesse-Hombourg ne voulut ni le laisser entrer dans cette place, ni le laisser aller plus avant. Cet officier revint conséquemment à Thionville.

Le 21. MM. les capitaines Hanser et Reboul, aides-de-camp du général, partirent accompagnés chacun d'un officier du génie, pour aller, conjointement avec les russes, reconnaître la ligne de démarcation entr'eux et nous. La convention qui établissait cette ligne fut très-religieusement observée par les deux nations.

Nous n'eûmes rien de nouveau jusqu'au 24, où sur le soir nous entendîmes, ainsi que le 25 de bonne heure, le canon dans des directions différentes : ce dut être pour la fête de S. M., que nous célébrâmes également.

Le 26. De nouvelles troupes et des munitions partirent de Luxembourg, dirigées contre Longwi. Dans l'après-midi du 25 le canon se fit entendre vers cette dernière place.

Rien de nouveau pendant les 27 et 28.

Le 29. Les ordres pour désarmer Sierck et Rodemack étant parvenus au général, aussitôt il s'occupa de leur exécution, afin d'enlever l'artillerie et les munitions avant que les prussiens eussent connaissance de ce désarmement.

Il ne dut rester dans ces deux fortins qu'un petit détachement de préposés des douanes, pour surveiller les intérêts du commerce sur la frontière. Le reste des détachemens de cette troupe fut rappelé dans nos murs.

SEPTEMBRE.

Le 1er. Le général envoya M. le capitaine Hanser, l'un de ses aides-de-camp, pour conférer avec les commandans russes, afin de détruire les difficultés qu'il paraissaient vouloir mettre au passage des convois d'évacuation. Cette mission fut remplie avec autant d'intelligence que de succès.

On ne concevait rien à la conduite des prussiens ! Ils continuaient à se dire les alliés de notre monarque, mais alliés indéfinissables, ils bombardaient une des places de ce prince, et ne laissaient point ses sujets pénétrer dans la forteresse de Luxembourg.

Les dispositions furent prises pour l'évacuation sur Thionville des approvisionnemens de Sierck et de Rodemack.

Le 2. Les préposés des douanes restés à Sierck furent répartis sur la frontière.

Le 3. Le fort de Rodemack fut complètement évacué. Les clefs furent remises avec inventaire, au maire de la ville, par M. le commandant Boulan, ancien et brave officier, successeur provisoire de M. le comte de Warda.

Les russes, avec qui nous continuions de vivre en très-bonne intelligence, nous fournirent eux-mêmes des voitures de réquisition pour le transport de nos approvisionnemens.

Le 4. L'évacuation de Sierck devant se faire par la Moselle, des bateaux descendirent cette rivière pour aller recevoir les objets dépendans de l'artillerie et du génie; objets qui par ce moyen arrivèrent sûrement.

Le 5. Des déserteurs russes s'étant présentés aux portes de la forteresse, le général refusa de les y admettre.

Le canon se fit entendre sur Longwi, depuis huit heures du matin jusqu'à onze.

Le général transmit aux commandans des forts de Sierck et de Rodemack, ainsi qu'aux adjudans qui n'avaient pas d'activité avant le 20 mars, l'ordre ministériel de rentrer dans leurs foyers. L'état-major de Thionville resta provisoirement composé selon le réglement.

Le 6. Le bruit se répandit que la paix était signée.

Le 7. Les russes s'attendaient à quitter la France vers le 20, pour retourner dans leur patrie.

Le 8. Le bruit de la paix avec les russes était général : comme on ignorait si elle avait eu lieu avec les prussiens, les habitans craignaient que ceux-ci ne vinssent insulter la place.

Quelques journaux mal informés répandaient les nouvelles les plus absurdes. Tantôt ils annonçaient de la part de Thionville des sorties vigoureusement repoussées; tantôt ils présentaient cette place comme insoumise. La vérité est que l'esprit des citoyens, du général et de sa petite garnison était tout-à-fait français; que la patrie et le Roi pouvaient avoir en eux la plus entière confiance; que la plus parfaite tranquillité régnait dans nos murs, et que l'on n'y connaissait l'état de siége que de nom.

Le 9. Le général russe vint passer la journée avec le général et le directeur des douanes. Il ne partit que le soir, enchanté de l'accueil qui lui avait été fait. Une escorte de douaniers à cheval l'accompagna jusqu'à son quartier-général. Cette jolie troupe pouvait, ainsi que les douaniers à pied, rivaliser, pour la valeur, la discipline et la tenue, avec les plus beaux corps de l'ancienne armée française : la belle conduite de ses chefs fut constamment au-dessus de tout éloge.

Le 10. Pendant que les corps civils et militaires assistaient avec l'état-major au *Te Deum* que le clergé chantait pour le retour de S. M., le bombardement inconcevable de Longwi recommençait. Trois batteries, chacune de cinq ou six mortiers ou canons, établies dans le bois du Chat, foudroyaient indignement cette place soumise au Roi.

On mettait également en batterie devant elle et du côté opposé trente pièces de gros calibre, afin d'ouvrir la brêche et de pouvoir donner l'assaut.

Quels étaient alors les défenseurs de Longwi ? un vieux et brave général (le maréchal de camp Ducos) qui sommé de se rendre, répondait avec une noble gaieté qu'il y songerait quand son mouchoir brûlerait dans sa poche ; un petit nombre d'officiers (déjà sans troupe), quelques canonniers de ligne et préposés des douanes, une garde nationale sédentaire peu nombreuse et presque point de soldats, puisque le licenciement des bataillons d'élite qui formaient la garnison les avait tous fait rentrer chez eux [a]. C'est donc contre cette poignée de braves, en-

---

[a] M. le chef de bataillon Girardin, commandait le génie.

viron 4 à 500 hommes, pressés autour de la bannière des lys, que les prussiens, les soi-disant alliés du Roi de France, combattaient avec un rare acharnement.

On disait que pour empêcher l'ennemi, car le titre d'alliés pouvait-il encore appartenir aux prussiens? que pour empêcher, dis-je, l'ennemi de s'établir dans la ville basse, les français y avaient mis le feu, ainsi qu'à quelques édifices voisins de la place.

L'indignation causée par ces hostilités, était telle dans le pays, que si l'ordre en eût été donné, de toutes parts on eut marché au secours de Longwi, pour en faire lever le siège.

Le 11. Le canon ne cessait pas de tirer sur cette place.

Le mouvement du 6.e corps de l'armée russe commença le matin. Le 37.e régiment passa sous notre canon, et défila devant notre général en lui rendant les honneurs militaires.

On se fera difficilement une idée des inquiétudes auxquelles étaient livrés depuis quelque tems la grande majorité des habitans de Thionville ; inquiétudes que le général aurait pu calmer par une révélation alors prématurée, et qu'il ne pouvait que tempérer encore par les espérances de ne pas voir attaquer leurs remparts.

« Les prussiens (disait au général cette bonne
« majorité) manifestent l'intention de marcher
« contre nous, aussitôt qu'ils auront pris Lon-
« gwi. Nous savons bien que vous avez l'ordre
« du Roi de ne point laisser entrer ici de trou-
« pes étrangères ; elles se présenteront cepen-
« dant et vous remplirez vos devoirs en vous
« faisant écraser sous les ruines de la place
« plutôt que de la rendre. Nous verrons alors,
« et sans savoir pourquoi, brûler nos maisons,
« assassiner nos femmes et nos enfans, anéantir
« de fond en comble nos propriétés, et cela
« sans espoir d'être secourus, puisque les trou-
« pes françaises sont licenciées ». — Soyez
tranquilles, répondait toujours le général, cela
n'arrivera pas!

Quelques particuliers, étrangers à Thionville,
complottaient alors pour enlever le général,
et le livrer aux prussiens. Cependant qui le
croirait? cette bonne majorité qui manifestait
tant d'inquiétudes, informé de ce lâche projet,
envoyait chaque soir l'élite de ses citoyens
coucher dans les maisons voisines du logement
du général, afin d'opposer leur courage aux
tentatives qui pourraient être faites.

Mais, se disait-on, pourquoi d'un côté tant
de soins continuels pour couvrir la place, par
des travaux et des inondations; et de l'autre

ces paroles rassurantes, *soyez tranquilles, cela n'arrivera pas*. Les dispositions défensives peuvent-elles donc seules empêcher l'ennemi d'attaquer la place? Non, mais aujourd'hui nous répondrons à ces questions!

Les russes, par la convention de M. de Langeron avec M. le comte Beliard, n'avaient obtenu qu'un pays épuisé. Notre général, dans ses conférences avec eux chez M. Poulmaire, à Beauregard, les plaignit avec dessein et leur dit « qu'il leur donnerait bien le peu de villages « que la convention lui réservait (puisqu'elle « n'en parlait pas) et qui l'entouraient, mais « qu'en agissant de la sorte avec des alliés sin- « cères, il craignait que les prussiens ne vinssent « après le siége de Longwi chasser les russes de « ces villages, par la seule raison qu'ils étaient « réservés pour Thionville ». *Les prussiens chasser les russes de ces villages*, s'écrièrent ceux-ci, *c'est ce qui ne sera jamais!* — Le général qui s'était attendu à cette exclamation na- naturelle à la dignité d'une grande nation, à la fierté des troupes d'un monarque du premier ordre, répondit aux russes : *si cela ne doit jamais être, établissez-vous amicalement dans ces villages.*

Le mouvement des russes découvrant de nouveau la forteresse, le général Hugo dit à leur général qu'il laisserait bien occuper encore les mêmes villages par les dragons moscowites qui le relevaient, mais qu'il se trouvait encore retenu par la crainte que les prussiens ne les leur prissent de force. Le commandant de ces dragons, qui se trouvait présent, ne fut pas moins fier dans son exclamation, que ne l'avaient été ses compatriotes, et fut enchanté d'obtenir les villages. Ces dispositions de l'amitié, avaient donc le triple objet d'empêcher le prince de Hesse-Hombourg d'avancer sur Thionville, de conserver les magasins existans à Aumetz, et de soutenir la ligne des douanes. Ce fut par cette politique, dans laquelle le général fut puissamment secondé par un des plus riches habitans du voisinage * et pour le succès de laquelle, ce généreux citoyen sacrifia ses revenus à l'entretien d'un nombreux état-major; ce fut par cette politique que lors du départ total des russes, le général soutint envers les troupes qui les remplacèrent, et qui se trouvaient appartenir à des princes parens de S. M. l'empereur Alexandre; c'est, dis-je, enfin par cette politique que le général Hugo, sauva Thionville du bombardement qui aurait peut-être ruiné cette jolie ville, et qu'il gagna assez de temps pour arriver à l'époque de la signature de la paix.

* M. de Wendel.

Le 12. Le canon tirait toujours d'une manière très-vive sur Longwi.

On entendit vers midi une forte explosion, à la suite de laquelle le feu diminua considérablement : il cessa sur la brune.

On portait à 16000 hommes la force des troupes employées devant cette place.

Le 13. Le feu reprit dès le matin contre Longwi.

On parlait d'un assaut et de la valeur avec laquelle la petite garnison, le vieux général et les habitans de tout âge et de tout sexe, avaient concouru à le repousser.

Chaque jour il entrait dans Luxembourg des voitures de blessés provenant du siège de Longwi : le 11 on en avait compté 70.

Le prince de Hesse-Hombourg manifestait toujours des projets hostiles contre Thionville et Montmédi.

Des officiers prussiens s'étant rencontrés le 10 avec des préposés des douanes, leur témoignèrent quelqu'étonnement de voir la ligne rétablie, et leur dirent « qu'ils ne connaissaient « pas de paix avec Louis XVIII ». Il n'aurait fallu qu'un seul mot d'approbation pour qu'on châtiât cette insolence [a].

---

[a] Vous n'aviez plus de troupes, m'opposera-t-on. — Cela est vrai ; mais les cloches et les paysans étaient là.

Le 14. La cavalerie russe stationnée dans nos environs, sur la rive gauche de la Moselle, fit demander au général la permission de passer le lendemain cette rivière, au gué de Manom, et le général y consentit, conformément à ses instructions secrètes.

Il y avait près de chaque cantonnement russe cédé par le général Hugo, sur la rive gauche, une ordonnance de cavalerie prussienne, qui devait prévenir le prince de Hesse-Hombourg du moment où ces cantonnemens seraient libres; les prussiens voulaient, disaient-ils, les occuper immédiatement.

Dans ces circonstances le général crut devoir donner à la garde nationale sédentaire toute la force dont elle était susceptible ; en conséquence il ordonna, malgré quelques murmures, qu'on y inscrirait, jusqu'à nouvelle disposition, tous les citoyens de l'âge de 15 à 65 ans, en état de porter les armes.

Il fit en même-temps établir des plates-formes d'attente dans le double couronné de Moselle, et renforcer l'artillerie, aux ordres de M. le major George de Lemud, de vingt auxiliaires par compagnie, tant de la garde sédentaire que de l'administration des douanes. M. le directeur Clerget avait organisé une excellente compagnie d'anciens canonniers, parmi ses préposés.

Nous apprîmes que l'explosion entendue le 12 avait été causée par un obus parti de Longwi, lequel avait fait sauter un caisson prussien, et que l'ennemi avait singulièrement souffert dans l'assaut tenté contre cette place. On assurait que l'ordre était donné dans Luxembourg d'évacuer tous les hôpitaux, afin de faire place aux nombreux blessés qu'on y attendait.

Depuis la veille à midi, on entendait peu de coups de canon à Longwi : on en tirait cependant quelques-uns toutes les heures.

Le 15. Les prussiens entrèrent à Hayange dès le matin, et poussèrent aussitôt des partis sur Richemont afin de couper nos communications avec Metz. On avait commandé pour eux 4000 rations à Hettange.

Ainsi les russes étant partis, nous dûmes nous attendre à être très-incessamment attaqués. Les officiers prussiens le publiaient hautement. Mais nous étions prêts à les bien recevoir ! il fallut faire dès le 15 passer, par la rive droite de la Moselle, les rapports au général en chef.

Le feu qui continuait devant Longwi fut dans la matinée très-vif entre trois et quatre heures.

Le gouverneur de Luxembourg interdisait toujours aux français l'entrée dans cette place, sous le prétexte que la Prusse n'avait pas fait de paix avec nous.

Le 16. Informé que les prussiens arrivés à Hayange, n'étaient point aux ordres du prince de Hesse-Hombourg, le général crut devoir leur faire connaître qu'il avait vécu en parfaite intelligence avec les russes, et qu'il désirait vivre de même avec tous les alliés du Roi de France. En conséquence, il envoya M. le capitaine Hanser, proposer au nouveau corps prussien une convention qui fut signée, et de laquelle il résulta :

1.º Que la ligne de démarcation établie entre les russes et Thionville serait maintenue, à quelques changemens près, mais avantageux pour nous, puisqu'on ne parla point de faire occuper la rive droite de la Moselle, en sorte qu'elle resta pour nous.

2º. Que les communications avec Metz seraient immédiatement rouvertes pour les courriers de la malle, les diligences et les ordonnances voyageant seules.

3º. Qu'il ne serait mis aucun empêchement au commerce des campagnes avec Thionville, ni de Thionville avec elles.

4º. Que s'il devait y avoir des hostilités, elles seraient annoncées vingt-quatre heures d'avance.

Les propositions du général pour le rétablissement de la ligne des douanes, que les russes avaient maintenue et qui s'était repliée lors de leur départ, ayant souffert des difficultés, M. l'inspecteur d'Eu (du corps des douanes), jeune homme de beaucoup de mérite, sentit ainsi que M. Hanser le besoin de ne pas insister sur cet objet, et il n'y fut pas donné de suites.

On continuait à ne pas entendre de feu depuis la veille devant Longwi.

Ainsi, par ses mesures, notre général était prêt à tout événement ; il gagnait du temps par ses négociations ; persuadé que l'état des affaires politiques devait se fixer d'un instant à l'autre, et qu'alors le salut de la place s'opérerait par l'effet de quelque convention générale.

Le 17. Le commandant des prussiens à Huckange prit notre convention tout à contresens. Le général réclama de suite, et les communications se rouvrirent.

L'officier supérieur commandant à Hayange dit au capitaine aide-camp envoyé près de lui, que le 17 les prussiens devaient entrer à Longwi et à Givet, pour former la garnison de ces deux places conjointement avec le peu de troupes françaises qui s'y trouvaient.

Le 18. L'infanterie russe partie dernièrement de Cattenom y revint.

Le 19. Nous apprîmes que Longwi avait décidément succombé le 15. Le général Ducos n'avait, comme Barbanègre, rendu que ce qu'il ne pouvait plus garder. Il s'était couvert d'une gloire que partageait sans l'affaiblir le petit nombre de braves qui avaient secondé ses talens, et les citoyens de Longwi sans exception.

Les troupes prussiennes destinées contre nous ayant traversé cette place, mirent en réquisition toutes les voitures et tous les chevaux pour le transport de l'artillerie et des munitions nécessaires à leur entreprise. Tout annonçait qu'elle n'était plus à révoquer en doute.

M. le directeur Clerget, excellent français, écrivit pour obtenir la permission de ne laisser qu'une compagnie de préposés à Bitche et deux à Sar-Louis; il mandait qu'il ferait alors venir ici le surplus, ce qui nous donnerait deux cents hommes de renfort.

M. Lanternier, commandant du génie, demanda un détachement de sapeurs.

Le général persistait dans l'intention de s'ensevelir sous les ruines de la place, plutôt que d'en ouvrir les portes sans les ordres du Roi. Ces sentimens n'accommodaient pas tout le monde; aussi quelques personnes étaient-elles parties pour aller porter des plaintes et obtenir le déplacement du général; mais les bons citoyens étaient décidés à se défendre, et n'étaient pas les moins nombreux. Notre parc d'artillerie ayant été licencié par ordre supérieur, le général en forma un nouveau, qu'il fit nourrir par les approvisionnemens de siége.

Les russes continuaient à reprendre leurs anciens postes dans notre arrondissement.

Le 20. Le général ne concevait rien à ce qui se passait autour de nous. Tantôt en vertu de sa convention avec les troupes aux ordres de M. le général de Warbourg, la route de Metz se trouvait libre ; tantôt par suite d'ordres supérieurs elle se trouvait interceptée ; et quand on demandait des explications, les prussiens s'excusaient, comme si les nouveaux obstacles étaient produits par de nouveaux mal-entendus. Dans la matinée encore, l'ordre fut donné au poste de Huckange d'interrompre la communication. Les diligences et les voyageurs furent forcés de rebrousser chemin. M. l'inspecteur d'Eu, qui revenait de Metz fut arrêté, conduit à Hayange, et relâché par suite de ses réclamations, fondées sur la foi de la convention conclue.

Dans la même matinée, le commandant de l'avant garde prussienne fit aussi demander à notre général l'original de cette convention. La pièce existant en double, une entre ses mains et l'autre entre celles de ce commandant, on ne lui répondit que d'une manière évasive.

Les officiers venant de Longwi rapportèrent

avoir entendu de la bouche même du prince de Hesse, qu'il marchait sur Thionville. « Qu'il « vienne donc! disions-nous, puisque le titre « d'allié n'est pas plus sacré pour sa nation que « celui d'ennemi. Qu'il vienne! tout est prêt « pour une vigoureuse résistance! »

Le parc destiné aux transports du génie, de l'artillerie et des magasins était rétabli. Le général avait autorisé le commissaire des guerres Laudy à donner les vivres aux hommes et aux chevaux. Mais cette mesure devait cesser, pour les intérêts du gouvernement, si l'ennemi se bornait à des menaces, et aussitôt que nous serions rassurés sur ses véritables intentions.

Le général venait également d'exécuter son projet d'inonder tout le terrain entre le côté gauche de la route de Metz, depuis le pont des français jusqu'à la route de Luxembourg. Les récoltes étant enlevées, cette mesure ne pouvait causer aucun dégât : on l'avait depuis long-tems préparée en encombrant tous les ponts (moins un), par lesquels la Fench se jette dans la Moselle. La route servait de digue à l'inondation commencée dès la veille, et qui devait être lente à s'étendre à cause du peu de volume du ruisseau et de la sécheresse des terres.

Le mouvement des russes continuait autour de nous : le général espérait pouvoir, s'ils reprenaient les cantonnemens qu'il leur avait cédés, profiter encore de leur présence pour mettre obstacle aux projets des prussiens.

Le 21. Les prussiens firent dans la matinée une reconnaissance très-exacte sur notre front d'attaque ; ils établirent des postes hors de portée, et ces postes formèrent un cordon de vedettes, qui fit cesser les travaux de la campagne, et força les paysans à se retirer.

La place ne tira pas sur la reconnaissance quoiqu'elle eût été faite sous la portée du canon. Les uns blâmaient le général de cette retenue, les autres l'approuvaient. S'il eut fait tirer, on l'eut accusé d'avoir ouvert les hostilités !

Pendant la reconnaissance, des officiers prussiens appartenant aux armes du génie et de l'artillerie, allèrent prendre des renseignemens pour savoir si nos fossés étaient inondés, par quelles eaux, et quelles pouvaient encore être nos ressources pour la défense ; ils ne déguisèrent pas leur projet de nous attaquer, mais ajoutèrent que le prince de Hesse-Hombourg avait cependant consulté le roi de Prusse, et qu'il attendait la réponse de S. M.

Le général communiquait avec Metz à travers les russes, par la rive droite. Rien ne transpirait des réponses qu'il recevait.

Le 22. Un habitant se promenant à demi-portée de canon, en capotte verte, avec un chapeau de garde national à ganse et bouton blancs, fut enlevé par des gardes d'honneur prussiens, sous le prétexte qu'il devait être un officier des douanes. D'autres prussiens à cheval s'étant au même instant avancés vers la place, et paraissant s'occuper d'une nouvelle reconnaissance, le général fit sortir en même temps deux patrouilles de cavalerie par les portes de Metz et de Luxembourg, avec ordre de ne point tirer, mais de s'attacher à prendre quelques-uns des observateurs, sans cependant se compromettre en les poursuivant trop loin. Aussitôt que les patrouilles parurent, les prussiens prirent le galop vers leurs vedettes en abandonnant leur prisonnier. Les deux patrouilles rentrèrent sans avoir eu d'engagement et sur tout sans être sorties de notre rayon.

Hier dans l'après midi un officier des douanes apporta la capitulation de Montmédi à son directeur. Suivant ce qu'il dit, la place se serait rendue sans tirer un coup de canon ; il avait traversé entre Aumetz et Longwi une forte colonne prussienne en route vers les villages qui nous environnent sur la rive gauche de la Moselle.

Hier également 600 grenadiers prussiens arrivèrent à Ottange et 150 à Hayange: on en attendu aujourd'hui d'autres à Angevillers et aux environs. Leur état-major est à Aumetz. On assure que le prince ne s'y trouve pas, qu'il s'est rendu à Paris, et qu'on n'entreprendra rien avant son retour.

Il est passé cette nuit des troupes russes par la Grange, depuis minuit jusqu'au point du jour, se dirigeant sur Briey.

Le général a donné des ordres pour qu'il ne sortit plus de la place aucune espèce de subsistances. Il a fait changer l'armement de la garde sédentaire contre un meilleur; il a distribué tous les souterrains et casemates. Le génie a reçu l'ordre d'augmenter encore le nombre des traverses sur plusieurs points facilement enfilés. Le barrage de la Moselle qui avait été ouvert à ses extrémités pendant le voisinage amical des russes, vient d'être refermé. L'artillerie a fait approvisionner les magasins des batteries; on a réorganisé les canonniers de la garde nationale, et maintenant ils forment deux excellentes compagnies. On s'occupa aussi du transport en ville d'une grande partie des approvisionnemens de bouche qui se trouvent au fort.

Sans les intentions hostiles des prussiens, les convois de vivres destinés pour les troupes russes se seraient déjà mis en route, mais on ne pouvait exécuter les ordres donnés pour leur départ sans savoir à quoi s'en tenir.

Au nombre des officiers prussiens qui observaient hier la place se trouvait M. Dumoulin [a], chef de l'état major du prince de Hesse. Il aurait été tiré à balle et à quinze pas par un bon chasseur, sans l'ordre du général de ne pas commettre d'agression. Le chasseur, voisin du bois, était derrière une haie, et M. Dumoulin arrêté près d'elle.

Le 23. Nous respirons aujourd'hui! Si les nouvelles qui circulent sont vraies, les mesures sages, fines, dilatoires que nous avons vu prendre nous auront enfin sauvé des horreurs d'un bombardement. Tous les bons citoyens en seront éternellement pénétrés de reconnaissance.

Les vedettes prussiennes ont quitté le chemin de Volkrange. L'officier supérieur qui commande dans ce village vient d'assurer que la paix est conclue : très-fatigué de la guerre, il paraît satisfait de l'heureuse nouvelle qu'il se plaît à répandre. *Sans cet événement*, disait-il, *les batteries incendiaires auraient été établies ce matin. La batterie principale devait être placée dans le bas-fond, en arrière du point dit le Mouchoir.* On y a effectivement vu des officiers tenant du papier et des crayons à la main,

---

[a] Issu, dit-on, d'une famille française expatriée par suite de la révocation de l'édit de Nantes.

ainsi que des paysans qui leur plantaient des piquets.

« Nous étions au milieu d'un volcan prêt à « s'enflammer, ajoutait cet officier : à la vérité « Louis XVIII n'a plus de troupes, mais les « français n'en ont pas tant besoin qu'on le « croit pour être redoutables : ils ont dans leur « attitude quelque chose de grand, d'indéfinis- « sable, de terrible même, pour l'étranger qui « les observe bien ».

Aujourd'hui tout paraît calme autour de nous. Les communications sont libres; le marché est couvert de paysans, et les troupes prussiennes ne se montrent nulle part. Le général use de représailles en permettant au commerce la sortie de toutes sortes de subsistances.

Malgré cet état de choses, les mesures de défense et de sûreté ne discontinuent pas : le général dit qu'il sera toujours temps de les arrêter si la paix se confirme.

Les russes ont cette nuit continué leurs mouvemens.

Le 24. Ce matin le commandant des prussiens stationnés à Hayange arriva jusqu'à Beauregard, et fit demander un entretien au général : celui-ci se rendit à la queue des glacis de la porte de Metz, y reçut cet officier, et lui fit connaître qu'on le recevrait avec plaisir dans la forteresse, s'il voulait se soumettre à l'usage ordinaire, c'est-à-dire traverser les ouvrages avec un bandeau sur les yeux.

Ce commandant dit qu'il était chargé par son général de faire savoir au nôtre que l'on pouvait rétablir la ligne des douanes; qu'il avait ordre de la protéger, ainsi que les autorités civiles, mais qu'au préalable le général prussien désirait que le général Hugo voulût bien l'en aviser d'avance. Celui-ci remercia l'officier prussien de cette communication, en le prévenant qu'il attendrait, pour s'occuper de cette opération, que des ordres lui parvinssent de la part du général commandant en chef. Les douaniers formant encore la seule garnison d'une place grandement développée, on dut penser que leurs chefs et le général Hugo ne songeraient pas à rétablir la ligne avant d'être bien certains de la paix, à moins cependant que des ordres supérieurs ne vinssent couvrir leur responsabilité à cet égard.

Le 25. Dès le matin deux vedettes prussiennes furent rétablies sur la route de Metz, au poteau des limites de notre garnison.

Le 26. La cavalerie des douanes en faisant patrouille rencontra et ramassa deux hussards prussiens, que des autorités civiles françaises avaient très-inconséquemment envoyés comme garnisaires chez un citoyen de Guentrange. Le général les fit mettre en liberté.

Le 27. Il n'y avait plus de vedettes au poteau des limites.

L'approvisionnement de siége en viande sur pied, fut par ordre supérieur remis au sous-préfet, pour être dirigé par ses soins sur Bionville et Gravelotte.

Le 28. La cavalerie prussienne se rapprocha de la Moselle pour avoir l'eau plus à portée. 600 fantassins étaient cantonnés à Roussi.

Le 29. Il n'y eut de nouveau que des énormes réquisitions.

Les officiers alliés s'occupaient du perfectionnement de leurs cartes topographiques.

Le 30. On assurait qu'il continuait à passer par Liége des prussiens qui se rendaient en France.

OCTOBRE.

Rien de nouveau pendant les 1.er 2. 3. et 4.

Le 5. Quelqu'un qui venait du duché de Luxembourg, rapporta que les prussiens faisaient il y a quelque temps, marcher beaucoup de troupes contre Thionville et Metz, mais qu'ils leur avaient donné ordre de s'arrêter.

Le 6. Il en arriva encore à Hombourg; elles ne laissèrent pas circuler les préposés des douanes avec leurs armes.

Le 7. Le transport de l'excédant de notre approvisionnement pour deux mois, continua par terre et par eau sur la ville de Metz.

Les 8, 9, 10 et 11, rien de nouveau.

Le parc de voitures formé pour seconder les travaux, fut réduit à quatre charrettes à quatre chevaux.

Le 12. Les prussiens établissaient des magasins considérables à Hayange. Leur cavalerie fit le matin l'exercice à feu dans le voisinage d'Ebange.

Le 13. Malgré la persuasion dans laquelle ils paraissaient être que la paix était faite, ils couchaient cependant habillés et leurs chevaux sellés, dans tous les cantonnemens qu'ils occupaient autour de nous.

Les campagnes souffraient avec beaucoup d'impatience le poids des réquisitions qu'on faisait peser sur elles, et qui allaient toujours en augmentant.

Les 14, 15 et 16, rien de nouveau.

Le 17. M. Boissier, commandant de la gendarmerie, demanda au général s'il y aurait quelque inconvénient à rétablir ses brigades. Le général s'adressa au commandant de la ligne d'observation, de qui il reçut une réponse polie mais non concluante.

Les 18, 19 et 20, rien de nouveau.

Le 21. La navigation reprenant sur la Moselle, nous nous trouvions souvent dans le cas d'ouvrir le barrage pour donner passage aux bateaux.

Les 22 et 23, rien de nouveau.

Le 24. Des voituriers rencontrèrent entre Perle et Trêves beaucoup de troupes qui rétrogradaient sur le Rhin.

Le 25 et le 26, rien de nouveau.

Le 27. Le général supplia S. E. le ministre de la guerre d'écrire à M. le conseiller d'état directeur-général des douanes, pour lui faire connaître avec quel zèle, quel dévouement et quelle fidélité M. le directeur Clerget, et le corps de préposés à ses ordres, avaient servi à Thionville pendant la durée du second blocus.

Le 28. La Moselle ayant cru de quelques pieds, brisa une partie du barrage. Des ordres du ministre ordonnèrent de lever les poutrelles des écluses ; ainsi tout annonçait notre mise prochaine en état de paix.

Il n'y eut rien de nouveau les 29, 30 et 31.

NOVEMBRE.

Les 1er, 2 et 3, rien de nouveau.

Le 4. Aujourd'hui les troupes prussiennes qui nous observaient quittent le territoire français. Elles ont demandé au général la permission de suivre la grande route qui passe sous le canon de la place ; et comme elles auraient beaucoup de peine à se tirer des chemins de traverse, le général y a consenti d'après l'esprit de la lettre ministérielle, en date du 7 juillet, et moyennant toutes les précautions que leur voisinage momentané doit forcément nécessiter.

Le 5. Le mouvement annoncé hier soir s'étant exécuté, des dispositions rassurantes se prennent aujourd'hui sous nos yeux. On rend aux commerçans leurs bacs et pontons; les ponts et chaussées reprennent également les leurs; les barques de pêcheurs et les bateaux du commerce cessent d'être sous l'embargo.

Le 6. L'artillerie désarme ; les magasins s'évacuent et prennent une autre destination. On attend d'un instant à l'autre quelques détails sur le traité conclu.

Le 7. On assure que beaucoup de places vont être confiées aux puissances alliées, pour la garantie du traité ; que Thionville sera du nombre, et que les militaires français qui s'y trouvent encore vont d'un instant à l'autre recevoir l'ordre de rentrer dans leurs foyers.

Le 8. Il est décidé, il est officiel que les prussiens entreront ici le 20 ; le général ne voulant pas être présent à la remise d'une place qu'il a défendue deux fois, dépose le commandement entre les mains de M. Bonnay du Breuil, lieutenant de roi ; il quittera Thionville le 13, emportant avec lui les regrets des 99 centièmes de la population, et les témoignages les plus flatteurs de sa bonne conduite (v. les pièces 51 et suivantes). Tous disent que si son devoir l'a contraint à des mesures fortes, sans elles Thionville n'offrirait peut-être aujourd'hui qu'un monceau de ruines.

NOTES.

1re, *page* 1.

On peut comparer cette maladie, pour sa nature, ses causes et ses progrès, à celle que les armées éprouvèrent en Allemagne un siècle auparavant (en 1713), et qui infecta particulièrement la Silésie, la Bohême, Vienne, Nuremberg, Ratisbonne, Hambourg, etc.

L'opinion des médecins était alors que ce n'était pas la peste, mais que c'était une fièvre maligne et pourpreuse (ᵃ) : à Metz on avait la même opinion de cette maladie, qui cependant, depuis le 1er. décembre 1813 jusqu'au 31 mars 1814, enleva 6940 soldats dans les hôpitaux de cette ville ( ). Malgré ce grand nombre de morts, dont la perte fut moins supportée par la garnison que par les autres corps de l'armée, Metz qui compte avec un juste orgueil les officiers de santé, sous tous les rapports les plus distingués, perdit beaucoup moins que

---

(ᵃ) Campagn. du maréchal de Villars, en 1713, pag. 154.
(b) Journal de la Moselle, n°. 9, 1814.

beaucoup d'autres places, où presque la moitié de la garnison fut victime de cet horrible fléau. Cette ville dût cette heureuse différence aux talens et à l'expérience des médecins qui s'y trouvaient à cette époque, ainsi qu'à la sagesse des mesures de son maire, M. le baron Marchand. (*Note du général Hugo*).

2, *page* 2.

Ce plan d'invasion n'était pas nouveau ; l'histoire en offre quelques exemples : il avait été suivi plusieurs autres fois, dans le cours de la révolution, notamment dans la campagne de l'an 8, où, pendant que nous franchissions le Danube et l'Iser (ª), nous laissions Ulm derrière nous, bloqué par une division plus faible que la garnison de cette place, et commandé par le général Richepanse. (*Note du général Hugo*).

3, *page* 3.

Les places de la 3ᵉ. division militaire ne furent déclarées en état de siège que par un ordre du jour de S. E. M. le maréchal duc de Valmy, en date du 4 janvier 1814 : le même ordre prescrivait de les approvisionner pour deux mois. (*Note du général Hugo*).

(ª) C'était l'armée du Rhin, commandée par Moreau : elle fut conduite sur les frontières de l'Autriche par les victoires d'Engen, Moeskirch, Biberach, Memingen, Kelmüntz, Hochstett, etc.

4, *page* 4.

Très-forte ville du département de la Moselle, à 5 lieues de Metz, 8 de Luxembourg et 83 de Paris. On y passe cette rivière sur un pont de bois couvert, dont les piles sont en maçonnerie, et qui mérite l'attention des mécaniciens. Elle est le chef-lieu d'une sous-préfecture, d'un tribunal de première instance, et renferme plus de 6000 habitans.

C'était dans le huitième siècle une maison royale dont on voit encore quelques vestiges au château. Pepin d'Heristall, roi carlovingien, et plusieurs autres rois de France y tinrent des asblées tant politiques qu'ecclésiastiques, dans ce siècle et dans le neuvième.

Dans le dixième, Thionville passa au pouvoir de seigneurs qui en prirent le nom, et dont la race masculine s'éteignit en 1200; les comtes de Luxembourg l'unirent alors à leur domaine.

Fortifiée par Charles-Quint, elle fut prise en 1558 sur Philippe II, son fils, par le duc François de Guise, commandant de l'armée française; rendue l'année d'ensuite à l'Espagne par le traité de Catau-Cambresis; elle fut inutilement assiégée de nouveau en 1639 par le célèbre Feuquières, qui, grièvement blessé en combattant contre le secours amené par Picolomini, tomba au pouvoir des assiégés et mourut parmi eux.

Assiégée après la bataille de Rocroi par le grand Cond²., et défendue par 3000 hommes bien approvisionnés, elle fut prise et définitivement cédée à la France par le 41°. article du traité des Pyrénées. Depuis lors ses fortifications ont été considérablement augmentées, particulièrement sur la rive droite de la Moselle (a).

Les prussiens, après un bombardement de vingt-quatre heures, l'ont inutilement bloquée pendant cinquante-deux jours en 1792.

5, *page* 7.

Il est impossible de mieux servir, de servir avec plus de loyauté, de zèle et de désintéressement que ne l'a fait ce garde magasin, pendant le blocus. Tout ce qu'il a fourni aux troupes, soit de ses nombreuses et fortes avances, soit du produit des réquisitions, était non-seulement de bonne qualité, mais scrupuleusement soigné dans la distribution ; il voyait les soldats en bon père de famille, et disait que puisque ces braves gens n'avaient que cela, ils devaient le recevoir bon. Son fils, qui parcourt la même carrière, est élevé dans les mêmes principes. (*Note du général Hugo*).

(a) Hist. du règne de Louis XIV, par M. Reboulet, pag. 54. — Recherches historiques sur les Trois-Evêchés. — Dictionn. du Temps. — Histoire de France.

6, *page* 9.

Le général aurait désiré tenir un ordre séparé, et se serait empressé d'obéir aux lois, en le faisant enregistrer par-devant ce tribunal, mais le sien contenait des instructions qui devaient rester secrètes, et des expressions de mécontentement envers un fonctionnaire public qu'il voulait ménager, et que M. le maréchal duc de Valmy accusait de lenteur et de négligence. Ces motifs parurent suffisans au général, pour le dispenser des formalités voulues, et sans doute ordonnées pour des lettres-patentes dans la forme et les circonstances ordinaires. Cependant le tribunal remarqua le manquement d'une formalité impérieusement prescrite, et que le général aurait dû remplir nonobstant toute considération particulière.

7, *page* 11.

On voit qu'une des raisons qui portèrent le général à ne défendre que l'enceinte et les ouvrages des portes, fut de ne pas trop écraser sa garnison par le nombre des gardes, et de conserver malgré sa faiblesse et l'opinion de Montécuculli [a], les moyens de faire et de soutenir au

[a] §. 4. « Qu'on ne fasse point de sortie quand la garnison est faible, ou quand on se défie de la bourgeoisie ». *Mém. de Montécuculli, liv.* 1, *chap.* 5, *pag.* 167.

besoin les sorties : d'ailleurs comme il ne put jamais faire palissader que le chemin couvert de ces parties de la fortification, il avait eu soin d'en fermer l'entrée par une haie de palissades, qui prenait depuis la contrescarpe du chemin couvert jusqu'à l'escarpe de l'enceinte, dans la partie des fossés qu'on ne pouvait inonder. L'inondation des fossés aurait en outre empêché la garnison de communiquer avec le reste des dehors, puisqu'il n'y avait ni ponts, ni moyens d'en construire, sans prendre la charpente intérieure des maisons. Si nous avions eu ces moyens, et que le général eût prétendu garder les dehors, les troupes auraient à peine suffi pour monter et relever la garde, jusqu'au moment où l'excès des fatigues les eût fait périr dans les hôpitaux.

8, *page* 11.

Le projet que conçut le général Hugo, en se rendant le 10 janvier de Metz à Thionville, par la rive gauche de la Moselle, fut, en voyant cette rivière couverte de bateaux, de faire arriver au plutôt dans cette dernière place tous ceux qui se trouvaient dans l'étendue de son commandement.

En enlevant à l'ennemi les moyens de passer la rivière, le général rassurait pour quelque temps la rive gauche; mais il avait outre cela l'intention d'employer lui-même ces bateaux à protéger les villages de Manom, Basse-Yutz et Maquenom, en faisant armer de canons et bastinguer les bacs dont les cales sont construites pour le support de très-grosses charges.

La rapidité du courant fit renoncer le général à l'idée de se servir, même à la voile, de cette espèce de bateaux, pour la partie haute de la Moselle (chose que l'on pourrait tenter cependant si l'on avait de bonnes rames et de bons rameurs), mais il espéra qu'au moyen de cables amarés le long des ouvrages, au-dessus du pont couvert, ces bateaux armés pourraient remonter à volonté. Outre cela, il ne voulait y embarquer que des officiers et des soldats bons nageurs, afin de ne pas les perdre si l'ennemi réussissait à couler un de ces bâtimens. (*Note du général Hugo*).

9, *page* 12.

Les communes n'obéissaient déjà qu'autant qu'elles s'y voyaient contraintes par la présence des troupes. Le général n'ayant dans le 96e. que des conscrits récemment incorporés, n'osait pas faire de détachemens sur la rive droite, avant de les avoir aguerris; il aima mieux ajourner ce qu'il pouvait faire sur cette rive, que de les exposer à des événemens malheureux, qui eussent trop-vivement frappé leur moral, déjà passablement ébranlé par les narrations des soldats qui revenaient de la grande armée. (*Note du général Hugo*).

10, *page* 17.

Un gouverneur ne doit rien négliger pour se tenir au courant des desseins, des opérations et des moyens de l'ennemi : c'est aux soins habituels du général Hugo à cet égard qu'il a dû l'avantage, bien précieux pour sa tranquillité, de n'avoir pas détruit alors tous les édifices et les villages dont l'insouciance a malheureusement laissé couvrir le rayon d'attaque de Thionville.

Cette réflexion de ma part a fait élever une question : le général Hugo devait-il laisser exister les villages de Haute et de Basse - Yutz, la Grange, St.-François, et la Briquerie?

Je réponds à cette question :

1.º Que tous ces villages sont à la vérité dans l'intérieur du rayon d'attaque (500 toises), et que le décret du 24 décembre 1811 prescrivait positivement de les détruire.

2.º Que Thionville n'ayant pas même été menacé sur la rive droite depuis la construction du fort, laquelle a porté le rayon d'attaque au-delà de Haute-Yutz, on ne s'était pas vu dans l'obligation de faire disparaître ce hameau, quoique tous les plans du génie l'eussent signalé comme devant être rasé ;

3.º Que le siége de 1792 n'ayant consisté que dans un bombardement de quelques heures, et de peu d'effet, à la suite duquel l'ennemi s'était retiré, le général Wimpfen n'avait pas été dans l'obligation de raser les villages de la rive gauche.

Lors de sa reconnaissance des environs de la place, après en avoir pris le commandement, le général Hugo fit de profondes réflexions sur ce que les lois lui prescrivaient, et sur ce qu'il pouvait se dispenser de faire sur-le-champ.

« Si ma garnison était assez forte, se dit-il,
« je lui ferais retrancher et occuper ces villages,
« et l'ennemi pour m'en déloger serait obligé
« de les détruire lui-même en me les arrachant
« pied à pied. Mon peu de troupes ne me per-
« met pas l'emploi de cet honorable moyen,
« dois-je donc les faire raser moi-même ? »

Nous étions dans le cœur de l'hiver : l'ennemi n'avait pas encore d'artillerie devant nous : toutes les places du Rhin tenaient, il ne pouvait donc en tirer d'un gros calibre que de l'Allemagne même, et il était très-difficile d'en faire passer sur les ponts volants jetés sur ce fleuve. D'après cela, le général jugea que tant que l'ennemi n'aurait pas d'autres moyens de passage, il ne pourrait songer à des opérations plus sérieuses que des blocus ; 2.° qu'après la saison des frimats celle des pluies arrivant, les routes se dégraderaient et par les eaux et par les passages continuels, ce qui retarderait assez l'artillerie de siége pour qu'on pût être à temps prévenu de sa marche.

Ces réflexions lui firent calculer qu'avant quatre mois l'ennemi ne pourrait rien entreprendre de très-vigoureux contre les places ; que Mayence et Luxembourg se trouvant en première ligne auraient sans doute la préférence sur Thionville ; que jusqu'à ce qu'on arrivât près de cette forteresse, il pourrait se passer des événemens qui la sauvassent de la terrible nécessité de détruire tout ce que ses prédécesseurs avaient laissé élever ou exister.

Il résolut en conséquence de n'en venir là que quand il s'y verrait tout-à-fait réduit, c'est-à-dire quand il serait *certain* que de l'artillerie de siége approcherait de lui ; et malgré les troupes qui le bloquaient il était assez bien servi pour oser dire *certain*.

11, *page* 20.

Rien à la guerre n'est plus précieux qu'un bon emploi du temps. Ce retard de quelques heures ne paraît rien, il n'était rien en effet pour la jeune garde, qui pouvait perdre ce peu d'heures dans les haltes de sa première marche, mais elle était beaucoup pour le général Hugo. La présence de la division Decouz tenait l'ennemi en respect, l'empêchait de rien tenter de sérieux, tant qu'elle était à Thionville, et chaque heure de retard voyait augmenter la force de cette place par l'organisation rapide des moyens de défense, par l'armement des points principaux, l'arrivage continuel des subsistances, et la rentrée successive des détachemens rappelés.

12, *page* 20.

Le général commandant la division avait bien jugé le soldat français, *bon jusqu'au dernier soupir*. Ces estropiés, composés d'une belle jeunesse, intéressante victime des événemens de la guerre, ont fait tout ce qu'ils ont pu pour se rendre utiles. Réduits à monter la garde avec des béquilles, ou le bras en écharpe, ils obéissaient gaiement, ne murmuraient jamais, servaient d'exemple aux conscrits et méritaient à la fois la juste admiration des bons citoyens et l'estime de tous leurs chefs.

Aucun habitant n'ayant osé rester à l'hôpital pour infirmier, on prit des prisonniers espagnols de bonne volonté pour en remplir les fonctions. Quelques-uns donnèrent de graves motifs de mécontentement, soit par leur haine pour les français, soit par le désir de s'approprier l'argent des malades, et le général fut obligé de les faire remettre avec les prisonniers. Personne ne s'étant présenté pour les remplacer, on fit demander quelques estropiés de bonne volonté, mais aptes à ce genre de service : tous s'offrirent, considérant comme un devoir sacré de donner des soins à ceux de leurs camarades que la maladie ou des blessures avaient conduits à l'hôpital.

13, *page* 34.

Les pluies ayant continué, et le temps s'étant beaucoup adouci, les neiges des Vosges se fondirent et causèrent une crue considérable (a); la Moselle franchit ses rives, et les îles haute et basse furent inondées jusqu'à la banquette des parapets. On voit par là que si le pont couvert était garni d'écluses, on pourrait facilement couvrir d'eau toutes les tranchées que l'ennemi ouvrirait sur la rive gauche, contre la place, et dans les îles, contre le fort. (*Note du général Hugo*).

14, *page* 35.

Le général avait pris depuis long-temps pour

(a) On s'aperçoit du dégel de ces montagnes par les crues qui ont lieu vingt-quatre heures après qu'il a commencé, c'est-à-dire qu'il faut vingt-quatre heures aux eaux pour arriver à Thionville.

habitude, dans la guerre de Naples et dans celle d'Espagne, où par le système de l'ennemi, les troupes sous ses ordres furent presque continuellement en état de blocus, de ne jamais confier à personne le secret de ses opérations, et de ne donner les ordres pour leur exécution que quelques heures avant, et surtout qu'après que toutes les portes de son quartier général étaient fermées. Il s'en était trop bien trouvé pour ne point agir de même dans la défense de Thionville. Ni secrétaire, ni aide-de-camp, ni ami, enfin aucune personne investie de sa confiance, n'a été employé à des écritures concernant une opération importante à exécuter, avant que les précautions dont je viens de faire l'exposé, ne l'ayent rassuré contre une indiscrétion ; et le plus souvent, comme le plus ordinairement, après avoir fait ses ordres, il les transcrivait encore lui-même sur son registre.

On entendait malgré cela dire quelquefois *il y aura une sortie cette nuit, il y aura une sortie demain!* alors il ne négligeait rien pour connaître les auteurs de ces nouvelles, parce que l'opération pouvait être dans sa pensée, et que ces bruits eussent nui singulièrement à ses projets, s'ils fussent parvenus jusqu'à l'ennemi.

Les auteurs de ces bruits, classe d'hommes plus indiscrets sans doute en cette circonstance que mal intentionnés, se cachaient avec soin, car le général les aurait fait arrêter et détenir par voie correctionnelle pour leur apprendre à se taire.

15, *page* 38.

MM. Demetiviers et Emeringer (*), officiers du 96°, furent tour à tour chargés de commander ces partisans, et s'en acquittèrent de la manière la plus satisfaisante. Toutes les prises que fit cette compagnie lui furent entièrement abandonnées, à l'exception des armes, que le général fit remettre à l'artillerie, parce que notre arsenal n'était pas riche.

16, *page* 41.

M. le capitaine Dedienne était depuis long-tems connu du général sous les ordres de qui on l'avait vu servir en Espagne. Il s'était trouvé aux affaires de Hita, Cogolludo et Jadraque, où le général commandait en personne; il s'y était très-vaillamment comporté, et même avait été très-grièvement blessé à la dernière. (*Note du général Hugo*).

17, *page* 44.

On sera sans doute étonné de trouver si souvent ces expressions *Et sans perte de notre part*: c'est cependant un fait dont tous les habitans

---

(*) Natif de Rodemack près Thionville.

de Thionville peuvent attester l'exactitude. Il y avait peut-être du bonheur, mais j'avouerai aussi que jamais rien ne fut négligé, ni pour couvrir les troupes quand on le put, ou quand on dut le faire; ni pour les faire arriver en tirailleurs plutôt qu'en colonne, à des positions bien défendues, mais qui pouvaient être emportées de cette manière (ª).

Le général a eu beaucoup d'affaires en Espagne, et toutes étaient de nature à devenir très-sanglantes; il y a cependant perdu peu de monde, quoique toutes ayent eu lieu contre des forces souvent triples et quadruples, et dans des positions difficiles que nous avons toujours enlevées. Les deux belles affaires de Cifuentes, celles d'Atienza, de Sotoca, de Guijosa, de Cogolludo, etc.; le passage du Tage au pont de Trillo, sous un feu des plus vifs, ne nous coûtèrent presque personne.

18, *page* 47.

On appelait ainsi une multitude de soldats,

(ª) M. de Vauban, au siége de Namur, en 1692, recommandait aux troupes chargées d'attaquer les retranchemens, de s'arrêter sagement dans les endroits propres à les couvrir, et dans le cas où elles verraient quelques bataillons ennemis derrière leurs retranchemens, de ne les point charger, mais de tenir bon si ces bataillons allaient à elles, auquel cas il leur promettait qu'elles seraient soutenues; mais qu'il ne voulait pas qu'elles allassent mal à propos se faire échiner sur la contrescarpe et les ouvrages des ennemis. *Hist. du siége du chât. de Namur*, pag. *101*.

échappés à la surveillance de leurs chefs et qui, après les désastres de la Russie, marchaient chacun pour son compte, et faisaient isolément leur cuisine de tout ce qu'ils trouvaient de meilleur. Ces fricoteurs, pareils à ces nuées de sauterelles, dont les irruptions désolent souvent de vastes contrées d'Afrique, dévoraient toutes les ressources dans la direction que l'armée devait nécessairement suivre pour arriver sur le Rhin.

19, *page* 53.

Dans les terres grasses et dans les sables de nos environs, l'ennemi réparait les routes comme dans certaines contrées de l'Allemagne, avec des corps d'arbres : il en faisait même de nouvelles aux dépens de nos forêts, parceque la chaussée dite des romains n'existant plus qu'en petites parties, et les grandes routes entrant dans Thionville, ou suivant la sinuosité de ses glacis, il fallait pour les aller rejoindre hors de portée, s'en tracer de nouvelles à travers les champs et les bois.

20, *page* 54.

Après la bataille de Rocroi le siége de Thionville ayant été décidé, le duc d'Enghien en fut chargé, et prit cette place (v. la 4.ᵉ note). M. de Gassion qui fut tué au siége de Lens en

1647, à l'age de 38 ans, était employé à ce siége et tenait son quartier dans une ferme qui depuis a conservé le nom illustre de ce jeune et vaillant maréchal de France. *V. Hist. du règne de Louis XIV, par M. Reboulet p.* 210.

21, *page* 58.

Cette mesure pouvait être différée, mais tant de gens indiscrets répétaient sans cesse et partout que la ville regorgeait de grains, de vin et de lard, que le général dût céder aux importunités et demander un approvisionnement de ce dernier article. S'il eut pris cette mesure plus tard et qu'elle n'eut pas eu d'effet, on n'eut pas manqué de crier à la négligence, et une pareille négligence dans un commandant supérieur compromettant la longue résistance d'une place, eut fourni matière à une accusation grave. Il fit donc une demande à la municipalité, mille réclamations s'élevèrent aussitôt, et en cédant peu-à-peu de ses prétentions, selon le fondement des réclamations, le général laissa réduire sa demande à cinq mille kilogrammes, qui ne purent même jamais être fournis, et dont il ordonna la remise aux habitans sur la fin du blocus.

A l'époque où le général fit faire la demande de cet approvisionnement, il avait encore des ressources en viande fraîche ; il n'avait pas encore fait saisir tout le bétail qui était retiré en ville, et il comptait enfin sur tous les quadrupèdes vivans et existant dans la place. Jamais il n'en a dissimulé l'intention, il y avait accoutumé les oreilles les plus délicates, et n'aurait jamais rendu la ville tant qu'il y aurait connu un animal dont la mise au pot eut pu retarder cet événement d'une minute. (*Note du général Hugo*).

22, *page* 58.

On a vu que l'investissement de la rive droite avait été fait avec une telle rapidité, que le général n'avait pas eu le temps, n'étant arrivé que de la veille, d'y puiser toutes les ressources qu'elle devait lui fournir. Il dut donc s'occuper de ce soin à la première occasion favorable et surtout enlever, entre le cordon et la place, tout ce qui s'y trouvait encore. Mais comme cette opération en chagrinait les habitans, les malheureux cachaient tout ce qu'ils avaient; quelques-uns appelaient par fois l'étranger à leur secours, et nous mettaient dans l'obligation de nous retirer pour revenir plus tard à notre but. Le général ne négligea rien pour le remplir sans combattre, afin de réserver les troupes pour le moment du siége, époque où malgré toutes les précautions qu'on prend pour les ménager, on en perd toujours trop. (*Note du général Hugo*).

23, *page* 61.

« Tous les états dans la société exigent du
« courage », écrivait après la levée de l'état
de siége, le général à M. le docteur Lelong,
médecin des épidémies ; « il y en a beaucoup à
« braver la mort dans les combats, mais la bra-
« ver tous les jours et sous les formes les plus
« hideuses, la braver pour arracher ses sem-
« blables aux ravages d'une épidémie dévorante,
« leur porter partout des soins généreux, éten-
« dre ses recherches jusqu'au centre des lieux
« infectés par la contagion, voilà le courage
« sublime ! voilà le courage dont vous avez
« donné de si touchans et de si nobles exem-
« ples, et qui tout en prouvant chaque jour en
« vous plus de talens et de vertus, force vos
« concitoyens à soulever le voile de la modestie
« dont vous vous enveloppez, et à vous payer
« le glorieux tribut de la plus juste reconnais-
« sance. J'ai fortement éprouvé les mêmes sen-
« timens qu'eux, mais comme homme public,
« je leur dois une manifestation plus éclatante,
« et je me fais un devoir de vous les faire con-
« naître ».

Non-seulement M. le docteur Lelong donnait
gratuitement ses soins à nos malades, mais on
le voyait partout où ses talens pouvaient être

utiles. On se rappelait avec attendrissement l'avoir vu au milieu des bateaux qui remontaient la Moselle, chargés de morts et de mourans, rechercher ces derniers, les enlever souvent sur ses épaules et les déposer à l'hôpital confié à ses talens. Mad^{me}. veuve Delisle, née Merlin, offrait à son sexe des exemples aussi beaux; elle avait bravé partout la terrible épidémie, donnait des soins maternels à tous les militaires malades, les visitant sur les bateaux de passage, dans les hôpitaux, chez leurs hôtes, et se dépouillant en leur faveur de son linge, de son vin, de son argent; elle gagna la maladie au milieu de ces infortunés et faillit en être la victime. A peine convalescente, elle fit porter chez elle un officier d'artillerie qu'elle ne connaissait pas, et qu'un coup de canon avait blessé très-grièvement à l'affaire de Hettange. A force de veilles et de soins, elle parvint à lui sauver la vie. Cette digne femme était la mère d'un fils mort glorieusement à la grande armée; elle est sœur de plusieurs officiers généraux d'une belle réputation.

MM. Malraison et Hermann, anciens chirurgiens-majors, Bonaventure, ancien pharmacien-major des armées, Bartouille, Fontaine, Neveu, Monhoven, Stilldorff, etc., officiers de santé, doivent également trouver ici le juste éloge dû à leur zèle, à leur courage et à leurs talens; ils ont constamment fait le service de l'hôpital, et presque tous sans la moindre indemnité.

Enfin, un fait honorable qu'il ne faut pas taire, c'est que les dames, en se réunissant pour passer les longues soirées de la saison, ne s'occupaient qu'à faire des bandes et de la charpie pour nos hôpitaux. (*Note du général Hugo*).

24, *page* 65.

On pourrait objecter ici avec quelqu'apparence de raison, que par les conditions qu'on vient de lire, M. le général Hugo paraissait exclure M. le colonel Fischer de l'échange demandé, puisqu'il n'existait dans les prisonniers faits par la garnison aucun officier de son grade. Le général savait bien positivement, lors des propositions qu'il fit, que le colonel Fischer était sur parole rendu à sa famille, aux forges de Hayange; que M. le général Muller le traitait bien, et continuerait à le traiter de même.

M. le général Muller est un de ces sages ennemis qui commandent partout l'estime, et dont on s'empresse de se faire un ami, aussitôt que les intérêts de la patrie et du prince le permettent. Le général Hugo le lui a prouvé, et lui a donné l'assurance de la juste vénération du pays en sa faveur. (*Note du général Hugo*).

25, *page* 67.

L'ennemi en répandant ces bruits, et en rappelant nos opérations sur Kensich, Mariendhall et Lagrange, voulait prouver nos besoins en viande : mais des français ne se rendent pas faute d'une chose à laquelle on peut suppléer par une autre. Ils eussent éprouvé et supporté long-temps les plus dures privations avant de songer à remettre aux ennemis une place de l'ancien territoire français. (*Note du général Hugo*).

26, *page* 73.

Voilà ce qu'on ne peut trop recommander aux jeunes officiers français renfermés dans des places ou livrés à eux-mêmes! Si le général Hugo eut laissé faire ceux de sa garnison, l'impétuosité nationale et le désir de se distinguer, les eussent entraînés trop loin. En allant, ils eussent fait des actions admirables; en revenant, ils eussent été peut-être obligés de se rendre ou de se faire tuer; événement de toute manière très-malheureux pour une place très-peu garnie.

Les instructions du général eurent toutes pour objet de réussir dans l'opération ordonnée, en même temps que de conserver à la forteresse des braves si précieux, et pour l'exemple et pour d'autres occasions périlleuses. En leur traçant ce qu'ils devaient faire, ces instructions indiquaient le point précis qu'il ne fallait pas franchir, et le général applaudissait au courage qu'ils avaient eu de s'y arrêter.

L'ennemi disait dans ses bulletins, qu'il nous avait repoussés, qu'il nous avait repris des positions d'où nous l'avions chassé, et le public qui nous voyait rentrer dans nos murs, sans autres trophées que nos prisonniers, pouvait le répéter sans réflexion. Les gens sensés, seuls juges de notre conduite en pareil cas, savaient bien que, défenseurs affectés à une forteresse, nous n'en sortions pas pour aller faire des conquêtes, mais pour un but toujours important à sa conservation ; qu'ainsi nous n'en sortions que pour y rentrer.

27, *page* 80.

Si la ville de Sierck eut obéi à une simple prière, l'ennemi l'en eut infailliblement punie. En lui donnant au contraire un ordre sévère, menaçant même en cas d'inexécution, on la mettait en état de se justifier de son obéissance.

Le village de Guentrange fit solliciter un ordre pareil, pour pouvoir détruire les retranchemens que les hessois avaient élevés sur plusieurs points de son territoire, et qui incommodaient beaucoup les habitans.

On voit par là qu'un ordre formel, une sommation menaçante, tout en ne faisant aucun mal aux habitans, couvre la responsabilité de leurs magistrats. Le style sévère de l'ordre convient donc mieux dans ces circonstances que le style poli de la correspondance ordinaire, lequel oblige autant et compromet beaucoup plus. (*Note du général Hugo*).

28, *page* 80.

Les ordres que donnait la commission d'approvisionnement auraient, disait-on, dû partir de la sous-préfecture ou du général, et non d'une commission à laquelle on ne reconnaissait aucun droit de requérir.

Entendons nous! l'on ne conteste ni au commandant supérieur, ni au sous-préfet le droit de réquisition; ces deux chefs occupés de beaucoup d'autres soins pouvaient, le premier surtout, substituer pour des choses urgentes; de concert avec ce fonctionnaire public et sur sa proposition, le général nomma les membres de la commission, régla leurs attributions, et dans le principe aucune réclamation ne s'éleva.

Lors du ravitaillement, les communes craignaient d'être châtiées par l'ennemi si elles obéissaient, et ce fut le général qui ordonna à la commission de faire de fortes menaces contre les récalcitrans, afin que l'ennemi reconnut qu'on ne pouvait désobéir sans s'exposer à de grands châtimens. (*Voyez la note précédente*). Qui fut châtié ? personne ! cependant beaucoup de communes ne purent justifier de leur défaut d'obéissance. Que dit l'ennemi aux communes qui nous avaient obéi ? — Il convint qu'elles n'avaient pu s'en dispenser, et ne leur en fit point un crime. (*Note du général Hugo*).

29, *page* 81.

La cavalerie qui avait reçu l'ordre de se rendre à Thionville pour faire partie de la garnison, n'ayant pu passer, le général chercha les moyens de s'en former un petit détachement. Tous ses soins à cet égard n'eurent pas un grand succès, puisqu'ils purent à peine lui procurer ces vingt hommes, lesquels, à l'exception de quatre ou cinq vieux cavaliers, étaient des conscrits qui jamais n'avaient manié de chevaux, et qui n'avaient de leur arme que l'habit. Ce petit détachement revêtu de vieilles cuirasses abandonnées dans la place par un officier d'habillement, figura quelques fois dans les sorties, prit part à quelques coups de main, mais il était trop faible et trop peu instruit pour obtenir du succès, même à nombre égal; ainsi déduction faite de ce faible détachement, et d'environ 250 hommes de service, la partie chaque jour disponible de nos forces passa rarement 6 à 700 hommes, dans une place qui compte onze bastions.

30, *page* 85.

Dans ces circonstances difficiles, le général Hugo consulta beaucoup de personnes sur les moyens de soulager la garnison. Il craignait que l'émission d'une monnaie obsidionale ne fit disparaître tout-à-fait le peu de denrées que les marchands mettaient en vente. Il se déterminait donc à demander à la ville un emprunt de cinquante mille francs, à compte sur les contributions, et payable entre les mains du receveur de l'arrondissement, lorsque le maire (M. Milleret) vint lui exposer la malheureuse situation de l'hôpital et des militaires retraités, en le priant d'augmenter sa demande de moitié. Le général la porta donc à soixante-quinze mille f. Pendant qu'on la discutait (et qu'on se rappelle cette discussion) l'acte d'adhésion de la garnison se fit, et le gouvernement venant aussitôt à notre secours, rendit inutile tout besoin d'emprunt. (*Note du général Hugo*).

31, *page* 90.

Lors du blocus de Straubing, un trompette de la reine de Hongrie se présenta de la part des généraux hongrois; il annonça un officier des cuirassiers de cette princesse, pour lequel il demanda l'entrée dans la place. Cet officier y ayant été reçu, désira connaître si les chefs commandans pour LL. MM. le roi de France et l'empereur étaient informés de la remise de Braunau à la reine, et s'ils n'avaient pas reçu de LL. MM. l'ordre de remettre Straubing à M. le général Berenklau, ainsi qu'on lui en avait donné avis. On répondit à cet officier que comme on n'avait reçu aucun ordre qui approchât de cela, on n'était ni dans l'intention ni dans la volonté de le faire (ª).

32, *page* 90.

Quand deux chefs ennemis le peuvent, ils doivent mettre la plus grande politesse dans leurs relations : mais, dans le cas dont il s'agit, la prudence ne permettait pas que M. de Haynau fut introduit les yeux ouverts dans la place. L'usage étant de les bander aux parlementaires, et même de leur nouer le bandeau sur la racine du nez, afin de leur ôter tout moyen de voir. On ne pouvait introduire un chef ennemi sans cette formalité, et le général en la négligeant eut en quelque sorte trahi ses devoirs, et compromis la sûreté de la place.

(ª) Campagn. de Noailles, 1743, pag. 210, tom. 2.

33, *page* 97.

L'acte d'abdication fait le 11 avril 1814 au palais de Fontainebleau, est inséré au Moniteur du lendemain.

34, *page* 97.

Le conseil de défense de la forteresse de Thionville adhère-t-il à toutes les résolutions prises par le sénat conservateur depuis le 31 mars dernier, et reconnaît-t-il le gouvernement provisoire de la France?

Thionville le 14 avril 1814.

Oui.	Non.
Le lieut. de gendarm., *signé* Boissier.	»
Gaudard, capit. commandant du fort.	»
Courtois, comm. le dét. du 14ᵉ de ligne.	»
Prudhomme, capitaine du génie.	»
J. Faydi, commandant la cohorte.	»
G. Hulot, chef de batail. comm. l'artill.	»
Chev^{er}. Hubert, major comm. le 96ᵉ.	»
Viroux, sous-inspecteur aux revues.	»
De la Salle, chef de l'état-major.	»
Rolli, sous-préfet, faisant fonctions de commissaire des guerres.	»
Le général comm. supér. le Cdr. Hugo.	»
Juving, secrétaire-archiviste.	»

35, *page* 98.

Armistice proposé par le général Hugo:

Art. 1er. Le conseil de défense de la ville et du fort de Thionville, ayant accédé à tout ce qui a été fait par le sénat conservateur depuis le 31 mars dernier, les hostilités cesseront dès aujourd'hui entre la garnison de cette place et les troupes hessoises ou autres en formant actuellement le blocus.

Emargement. Cette déclaration souscrite des membres du conseil de défense, de même que des autorités de la ville, sera remise entre les mains de de M. le major de Dornberg, représentant de la part des troupes hessoises.

2. Conformément à ce qui a été pratiqué devant Metz par les troupes alliées de S. M. l'empereur de Russie, le corps de troupes formant le blocus, se retirera à trois lieues de Thionville, sur les deux rives de la Moselle, et à partir du pied du glacis; la place sera entièrement débloquée, et aucun individu militaire ne pourra sortir de l'arrondissement tracé, sans une permission écrite, et signée du commandant supérieur auquel il est soumis.

Emargement. Le garnison de Metz étant quinze fois plus forte que celle de Thionville, et ayant par cela besoin d'une très-grande étendue pour nourrir ses troupes, il suffira, pour la subsistance de la garnison de Thionville, que les troupes hessoises cessent de bloquer cette place, en se retirant, sur une ligne de démarcation, à une lieue de la forteresse.

On s'entendra de part et d'autre sur les limites de cette ligne de démarcation, qu'aucun militaire allié ne pourra quitter sans avoir une permission écrite de son chef; de même qu'aucun français militaire ne quittera la forteresse sans une permission écrite et signée du commandant supérieur, ou de son chef d'état-major.

Art. 3. Tous les prisonniers faits de part et d'autre, dans les sorties qui ont eu lieu, sont considérés comme échangés et seront rendus, savoir ; les russes, les prussiens et les hessois, aussitôt après la ratification de la présente convention, par les chefs commandant le blocus de la place; les français dans le délai d'un mois, à compter de ce jour, et en nombre égal à celui des alliés rendus, s'il en existe au pouvoir de S. A. S. le prince souverain de la Hesse, et dans le cas contraire par ses alliés.

Emargement. Tous les prisonniers des troupes alliées qui se trouvent détenus dans la forteresse seront rendus aussitôt après la ratification de la présente convention. Les français qui ont été faits prisonniers, faisant partie de la garnison de Thionville, et ramenés en Hesse, seront rendus le plus tôt possible, et pour le dernier terme dans l'espace de six semaines, dès la ratification de la présente.

Art. 4. Il ne sera mis par les troupes hessoises et alliées aucun empêchement, au retour dans Thionville, des bataillons des 14e. et 96e. de ligne, des détachemens et pièces d'artillerie, et de ceux du 25e. d'infanterie légère, faisant instantanément partie du corps d'armée de S. Exc. M. le comte Durutte, général en chef, ni aux autres mouvemens pour changement de garnison, qui pourraient être ordonnés par S. Exc

Emargement. L'armistice qui s'est fait à Metz, entre les généraux Jousesowitsch et Durutte, renferme toutes les troupes qui se trouvent à Metz : la présente convention ne peut absolument comprendre d'autres troupes et pièces d'artillerie que celles qui se trouvent actuellement dans la place de Thionville.

Le général commandant cette forteresse ne fera plus entrer d'autres troupes dans la place que celles qui font actuellement partie de la garnison de Thionville, et ne permettra pas non plus que d'autres troupes s'approchent, ou prennent position sous cette place, sans la permission spéciale de S. A. S. le prince électoral de Hesse.

Art. 5. Afin d'éviter toute espèce d'altercation et de difficultés entre les troupes de la garnison et le corps du blocus, la ligne de démarcation sera établie d'une manière claire et précise, de façon que chacun connaisse les villages d'où il devra tirer ses subsistances, évite de donner des ordres à ceux qui ne seront pas compris dans son lot, et puisse y laisser circuler librement ses détachemens.

Emargement. Les détachemens qui se trouvent entre la ligne de démarcation et la forteresse, porteront leurs épées et sabres, mais ne seront point munis de fusils.

Art. 6. Il ne sera mis par les troupes hessoises et autres, aux ordres des chefs des armées alliées, aucun obstacle à la libre communication de la place de Thionville avec toutes les autres de l'intérieur de la France, ainsi qu'à l'exécution des actes émanés des autorités militaires et civiles pour les objets ordinaires de police, administration générale et justice.

Réponse. Accordé (a).

Art. 7. Les déserteurs des puissances dans les

(a) *Nota.* Cet article éprouva des difficultés lors de la ratification, et le général aima mieux le supprimer en entier que d'y souffrir des changemens désavantageux.

intérêts desquelles nous faisons la présente convention seront remis de part et d'autre ; la désertion ne sera point tolérée, et les déserteurs pourront être recherchés et ramenés sans qu'il y soit mis obstacle de la part des parties contractantes.

Emargement. Les déserteurs ne pourront être poursuivis et rattrapés de la part des troupes alliées que jusqu'aux glacis de la forteresse ; les déserteurs français jusqu'à la ligne de démarcation ; sans que la poursuite des déserteurs puisse être empêchée jusqu'aux points fixés.

Art. 8. La conservation et la sûreté des forteresses nécessitant, même en temps de paix, des mesures générales et de surveillance, il ne pourra entrer dans Thionville aucun officier, sous-officier ou soldat sans une permission signée de M. le commandant des troupes établies dans le voisinage : cette permission ne pourra être journellement accordée à plus de huit hommes sans armes, marchant isolément et au plus trois ensemble.

MM. les officiers pourront entrer avec leurs armes et chevaux, mais le présent article n'aura son exécution qu'après la rentrée des bataillons et détachemens dont il est question ci-dessus, article 4.

Emargement. MM. les officiers français, sans

fixer le nombre, viendront avec leurs armes, sans escorte de la part des alliés, voir amicalement les officiers hessois dans leurs cantonnemens, après avoir présenté une permission écrite de M. le général Hugo, ou de son chef d'état-major ; et les officiers hessois entreront pareillement dans la place de Thionville, en présentant une permission signée de leur chef. Nul officier allié ne se permettra de monter sur les remparts, ou de voir les fortifications de la place, sans une permission spéciale de la part de M. le général Hugo ; mais pour passer les rues de la ville, MM. les officiers hessois ou alliés ne seront point du tout accompagnés d'un militaire français. Tout sous-officier ou soldat hessois qui entrera en ville ne sera muni que de son épée ou sabre ; mais il n'est pas permis à qui que ce soit des troupes alliées d'entrer dans la place muni d'un fusil. Tant pour le maintien du bon ordre que pour éviter tout mal-entendu, et pour se faire voir les passe-ports des sous-officiers et soldats alliés qui entreront dans la place, il existera la même relation entre les troupes hessoises et la garnison de Thionville, qui depuis le 1er. avril existe entre les troupes alliées et françaises à Paris, qui font le service de cette capitale en commun, *de sorte que trois heures après la ratification de la présente convention*, une garde composée d'un officier, un sous-officier et douze hommes de troupes hessoises fera le service à la porte de Luxembourg, en commun avec une garde de la même force, donnée par la garnison de Thionville.

Cette garde des deux nations amies montera sans cartouches, et la garde hessoise sera nourrie des faubourgs de la Grange. Tout individu hessois ou allié qui pourrait donner occasion d'être arrêté par M. le commandant général de Hugo, sera délivré à cette garde hessoise. Le nombre des sous-officiers ou soldats qui auront la liberté d'entrer en ville, ne passera pas journellement celui de six par régiment, menés par un sous-officier qui répondra de leur conduite, et les ramènera aussitôt leurs affaires finies et avant le coucher du soleil.

Art. 9. En conséquence du présent armistice MM. les commandans des troupes alliées et leurs détachemens considéreront les habitans du pays. comme amis, et s'engageront à punir et faire punir les délits qui seraient commis envers eux.

Emargement. Les troupes alliées ont toujours traité les bons habitans du pays comme leurs amis, et puni sévèrement tout excès; elles ne cesseront jamais d'être humaines envers l'innocent, et justes envers le coupable.

Art. 10. Les individus arrêtés pour avoir

porté des lettres seront mis en liberté, et il leur sera donné des passe-ports et des secours pour rentrer dans leurs domiciles.

Réponse. S'il se trouve des habitans de la place de Thionville arrêtés pour avoir porté des lettres, cet article sera appliqué envers eux dans toute son étendue.

Art. 11. Le présent aura son exécution aussitôt qu'il aura été ratifié par M. le baron de Haynau et M. le général Hugo, chacun en sa qualité respective.

Emargement. Sauf ratification de S. A. S. le prince électoral de Hesse, au grand quartier-général de Frisange, pour tous les articles convenus entre M. le général Hugo et M. de Haynau. Fait et arrêté à......

36, *page* 98.

A M. le baron de Haynau.

16 avril 1814.

Monsieur le baron,

Une lettre que j'ai reçue de S. Ex. le ministre de la guerre contient le paragraphe suivant.

« Du moment que votre acte d'adhésion sera
« connu, toutes les hostilités cesseront entre les
« troupes sous vos ordres et celles des puis-
« sances alliées ».

Ma lettre du 14 vous annonçant que mon conseil de défense, à l'unanimité, avait donné cet acte d'adhésion, a fait cesser l'état de guerre entre nous. Je ne crois donc plus convenable de signer conjointement avec vous la convention que je vous avais proposée.

L'état de guerre a cessé entre les troupes des puissances alliées et celles que je commande, dès-lors vous ne pouvez plus, sans une déclaration formelle du contraire, conserver vos troupes en cordon de blocus, gêner mes communications, et traiter en ennemis les habitans des campagnes. Vous devez, ce me semble, prende suite un parti contraire, laisser circuler sur les routes, et faire en sorte de ne pouvoir contrarier en rien tous les actes qui émaneront de moi, ou des autorités locales.

Si vous en agissez autrement, vous ne remplirez pas les intentions qui me sont manifestées par le nouveau gouvernement de la France, et tous les actes qui s'en suivront ne pèseront que sur votre responsabilité, puisque mon acte d'adhésion vous a été officiellement notifié le 14.

Je n'ai donc plus à établir avec vous d'autre convention qu'un simple réglement de police, pour les permissions d'entrée (dans la forteresse), que je pourrai accorder aux troupes sous vos ordres, et pour empêcher la désertion, que loin de favoriser nous devons respectivement repousser.

Je vous prie d'agréer, etc.

Signé HUGO.

37, *page* 98.

Monsieur le général,

Je trouve réellement que la manière dont vous regardez votre position actuelle est la plus vraie, la plus simple, et celle qui conservera et avancera les relations amicales que la paix et les vœux de nos souverains nous permettent à présent de déployer de part et d'autre.

Il ne me manque absolument que la copie de l'acte d'adhésion au gouvernement français, tant pour votre personne et le conseil de défense, qu'aussi pour les autorités de la place de Thionville. Je vous prie de me l'envoyer, et comme je suis sûr que vous accéderez à cette prière, je vais actuellement donner d'avance les ordres nécessaires, que les postes de mon corps, qui se trouvent sur les routes de Thionville à Bouzonville, à Metz et à Luxembourg, soient non-seulement retirés sur-le-champ, mais aussi que les retranchemens et flèches qui traversent ces routes et gênent la communication, soient démolis le plus tôt possible, et dans l'espace de deux heures vous ne verrez plus de piquets ennemis ; il ne restera absolument que des gardes de police, pour empêcher mes soldats de s'attrouper par curiosité au-devant de vos glacis.

Pour ce qui regardera la position future de mon corps, je vais m'informer de suite des intentions et des ordres de S. A. le prince électoral de Hesse.

Vous avez eu la bonté de me faire dire, par l'officier porteur de votre lettre, que les prisonniers russes et prussiens qui se trouvent à Thionville venaient de partir pour rejoindre leurs corps, étant absolument mis en liberté, et que les prisonniers hessois retourneraient aussitôt que je vous demanderais leur retour.

Je vous prie donc de les faire passer le plus tôt possible à mon quartier-général à Hettange ; et pour vous prouver que je ne négligerai aucune occasion pour vous obliger, et vous persuader que je traite les habitans du pays en ami, je viens de relâcher les quatre ôtages que j'avais pris du village de Konigsmacher, pour l'affaire qui s'est passée le 8 avril.

Pour régler avec vous les permissions d'entrée pour les sous-officiers et soldats de mon corps, comme aussi les conventions pour l'empêchement de la désertion, je prendrai le plus tôt possible la liberté de faire votre connaissance chez vous, et il me sera très-agréable d'embrasser cette occasion, pour vous témoigner la considération la plus parfaite et personnelle avec laquelle, etc.

Le baron DE HAYNAU.

Hettange, le 16 avril 1814.

P. S. Si cela vous convient, mon général, je viendrai demain matin, à dix heures, vous rendre mes hommages, accompagné de quelques-uns de mes officiers.

38, *page* 98.

A M. le baron de Haynau.

Thionville le 16 avril 1814.

Monsieur le baron,

D'après la lettre que vous venez de m'adresser, je vois que tout s'arrangera pour le mieux entre nous : je vous attendrai demain matin à déjeûner, avec ceux de MM. vos officiers qu'il vous plaira d'amener avec vous.

Je vous renvoie vos prisonniers, ainsi que les prussiens, les russes ont pris une autre direction, mais toujours pour leur liberté. Vos malades vous seront rendus à mesure qu'ils se rétabliront : vous savez que je les fais traiter comme les miens.

Présentez l'hommage de mon respect à S. A. S. le prince électoral, et croyez à la sincère et parfaite considération, etc.

Le général Hugo.

39, *page* 98.

Convention d'armistice.

Nous, Charles, baron de Haynau, commandant la première brigade au service de S. A. S. l'électeur de Hesse, et le blocus de la forteresse de Thionville, chevalier de l'ordre militaire Max.-Joseph, de S. M. le roi de Bavière, et

Joseph-Léopold-Sigisbert Hugo, membre de la légion d'honneur, chevalier et commandeur des ordres royaux d'Espagne, Naples et Deux-Siciles, général de brigade, commandant supérieur de la place et du fort de Thionville,

Également animés du désir de mettre fin aux hostilités, et de concourir à la pacification générale par tous les moyens en notre pouvoir,

Avons nommé pour nous représenter dans les conférences nécessaires au but que nous nous proposons, savoir :

Pour la Hesse et puissances alliées, M. Louis de Dornberg, major et commandant du régiment des chasseurs volontaires à cheval ;

Pour la France, M. Louis-Eugène-Georges,

comte de la Salle, sous-préfet de Prum (a) chef, de cohorte et de l'état-major de la place, lesquels ont réglé, d'après nos ordres, les conditions suivantes :

ARTICLE Ier.

Le conseil de défense de la ville et du fort de Thionville, ayant accédé à tout ce qui a été fait par le sénat conservateur, depuis le 31 mars dernier, les hostilités cesseront dès aujourd'hui entre la garnison de cette place et les troupes hessoises et autres, en formant actuellement le blocus, l'acte d'adhésion ayant été notifié le 14 avril au chef qui les commande.

ART. II.

Les troupes hessoises lèveront le blocus, retireront leurs piquets, feront démolir tous les retranchemens élevés contre la forteresse, et ne mettront aucun obstacle à la libre communication de la place de Thionville avec toutes les autres de l'intérieur de la France.

ART. III.

Tous les prisonniers des troupes hessoises et alliées qui se trouvent dans la place de Thionville, comme aussi ceux des troupes fran-

(a) Depuis lors préfet des Ardennes.

çaises faisant partie de la garnison de cette place seront rendus le plus tôt possible.

ART. IV.

La garnison aura pour ligne de démarcation entr'elle et les alliés, savoir ; à l'ouest tout le terrain compris à la droite de la route d'Huckange (non compris) jusqu'à la hauteur où le ruisseau de Marspich a son confluent dans la Fench ; et de ce point tout ce qui est compris sur la rive gauche dudit ruisseau de Marspich depuis sa source, et depuis cette source la droite d'une ligne prenant par Volkrange (non compris) et allant se joindre à la source du ruisseau de Garsch ; dont le cours longeant Œutrange et Hettange formera au nord la limite, jusqu'à son confluent dans la Moselle ; et de ce point au nord, la droite d'une ligne passant par Haute-Ham (compris) jusqu'au moulin de Grisberg ; toute la rive gauche de la Kaner, depuis ce point jusqu'à la hauteur de Hombourg, et de ce point toute la droite d'une ligne droite traversant le bois de Luttange et descendant par Rurange et Landrevange (l'un et l'autre non compris) jusqu'au bac vis-à-vis Huckange sur la Moselle : Haute-Guenange ne restant pas à la disposition de la garnison de Thionville.

ART. V.

Les détachemens sortis de la garnison de

Thionville avec M. le général Durutte y rentreront aussitôt que S. Exc. en sera tombée d'accord avec S. A. S. le prince électoral de Hesse.

ART. VI.

Le présent aura son exécution aussitôt qu'il aura été ratifié par M. le baron de Haynau, sauf l'autorisation de S. A. Elect. le prince de Hesse et M. le général Hugo, chacun en la qualité qui le concerne.

Fait double, le 27 avril 1814, à Thionville.

Pour M. le comte de la Salle absent (*),
Signé Hugo *et* Louis DE DORNRERG.

Ratifié par moi général commandant supérieur, Thionville le 17 avril 1814,
Signé Hugo.

Ratifié par moi général en chef du 4ᵉ corps de l'armée d'Allemagne,
Signé GUILLAUME,
prince électoral de Hesse.

4c, *page* 100.

L'état de siége n'a été levé que le 29 avril, par S. Exc. le maréchal duc de Valmy.

(*) Le motif de cette absence, dans un pareil moment, est donné page 102.

41, *page* 100.

Extrait de la proclamation de M. le Préfet de la Moselle (a).

Metz le 17 avril 1814.

J'ai fait partir le 15 pour Thionville M. Auburtin, chef du bureau de la police militaire de la préfecture. Cette ville n'avait pas encore reconnu le nouveau gouvernement ; il a été conduit d'abord à Richemont, au quartier-général de M. le général comte Muller, qui l'a comblé d'honnêtetés, aussitôt qu'il a connu l'objet de sa mission, et lui a donné une escorte. Conduit le lendemain matin chez M. de Haynau, commandant le blocus de Thionville, il y a été reçu avec les mêmes égards et la même cordialité. Cet officier a fait venir six habitans notables d'un village voisin de Thionville ; ils avaient été arrêtés comme ôtages ; il leur a rendu sur-le-champ la liberté, en présence de M. Auburtin et d'un parlementaire de Thionville.

Le premier s'est rendu aussitôt dans cette ville, et a remis mes dépêches et mes proclamations à M. le sous-préfet, etc.

Le préfet du département de la Moselle,
Signé VAUBLANC.

(a) Journal du département de la Moselle, mardi 19 avril 1814.

42, *page* 102.

Thionville le 18 avril 1814.

A M. le comte Roger de Damas, gouverneur pour le Roi, à Nancy.

Monsieur le comte,

La brave garnison que je commande, mon conseil de défense et moi, avons unanimement adhéré le 14 aux actes du sénat.

Enfermés pendant quatre-vingt-huit jours dans cette forteresse, nous y avons été fidèles à l'oriflamme de l'honneur : c'est vous rappeler celui d'Henri IV.

En combattant, nous n'avons pas attendu les éloges des hommes ; l'amour sacré de la patrie nous animait. Que le bon prince qui vient régner sur nous daigne sourire à notre constance, et nous en aurons reçu le prix. Nous avons été fidèles et loyaux sous l'empereur ; le serment qui nous enchaîne au Roi Louis XVIII est la garantie que nous le serons également sous lui. Donnez à cet auguste monarque de la confiance dans sa brave garnison de Thionville : elle y répondra noblement, elle saura mourir pour sa gloire et pour son service.

Je vous prie, etc.

43, *page* 102.

Nancy le 20 avril 1814.

Le gouverneur général, pour le Roi, dans les provinces de Lorraine, d'Alsace et des Trois-Evêchés,

A M. Hugo, général de brigade au service du Roi, commandant à Thionville.

Monsieur le général,

Je viens de recevoir, par M. de la Salle, la lettre que vous avez bien voulu m'adresser, en date du 18 avril; les sentimens d'honneur et de dévouement au Roi qu'elle renferme, seront mis par moi par le courrier d'aujourd'hui sous les yeux de S. M. Votre réputation, Monsieur le général, avait devancé la première communication que j'ai avec vous, et je m'attendais à recevoir d'un moment à l'autre l'expédition que M. de la Salle m'a remise. Je vous invite, Monsieur le général, à constater sans délai la place que vous commandez, place sous la domination du Roi, dans les formes connues; elle l'est déjà dans ses sentimens, en faisant arborer le drapeau à fleurs de lis et la cocarde blanche. Dès-lors les relations avec les troupes alliées deviennent amicales, et soulageront tout-à-fait les habitans et la garnison de Thionville, cela établira aussi une communication plus régulière entre nous, et de vous avec M. le général Durutte, chose à laquelle le bien général ne peut qu'infiniment gâgner.

Veuillez bien, Monsieur le général, agréer, etc.

Signé Cte. ROGER DE DAMAS.

44, *page* 103.

A M. le général Hugo, commandant supérieur de Thionville.

M. le major de la 96e. m'a remis, mon cher général, votre rapport d'hier. Je m'empresse de l'envoyer en original à S. Ex. le commissaire général au département de la guerre, en lui témoignant combien vous avez justifié la confiance que j'avais mise en vos talens, votre zèle et votre activité. Vous avez prouvé qu'il n'y a rien d'impossible au dévouement et au courage, et votre conduite a été tout ce qu'elle devait être, même dans cette dernière circonstance.

Recevez, mon cher général, avec l'assurance de mon entière satisfaction pour vous et votre brave garnison, celle de ma parfaite considération et de mon attachement.

Signé le maréchal sénateur
Metz le 26 avril 1814. KELLERMANN, duc de Valmy.

Bureau de la correspondance générale.

45, *page* 103.

Paris le 7 août 1814.

Au même.

Général, j'ai reçu avec votre lettre du 28 juillet dernier le rapport général sur les opérations du siége de Thionville. Les détails qu'il contient m'ont mis à portée d'apprécier la fermeté et la sagesse des mesures que vous avez prises pour la défense de cette place.

Le ministre de la guerre,
Signé Le Cte. DUPONT.

46, *page* 105.

Les citoyens professant le culte israélite firent prier le général d'accepter une forte somme qu'il refusa; ils renouvelèrent avec aussi peu de succès la même tentative en 1815. L'un d'eux, chargé d'une grande fourniture pour les armées, ne voulut point signer un marché qu'on n'en eût diminué le montant, attendu que le prix demandé par ses co-associés, pour la ration de viande, était trop fort de deux centimes et demi par chacune d'elles. Qui ne reconnaît là M. Mayer-Lévi? Une dame étrangère voyant des mendians se presser autour de la porte de ce bon citoyen, à certains jours réglés de la semaine, pour recevoir d'abondantes aumônes, lui demanda si ces pauvres gens étaient

de sa religion. — « C'est ce dont je ne m'in-
« forme point, Madame, répondit-il, il me suf-
« fit qu'ils soient dans le besoin. » — Qu'on ne
croie pas que de pareils traits de patriotisme et
de vertus privées soient rares chez les juifs français ; ils ont parmi eux un grand nombre de familles très-respectables et dont le nombre s'ac-
croitra de jour en jour, puisque nos lois ne font
pas de différence entre les hommes d'un culte
et ceux d'un autre. (*Note du général Hugo*).

47, *page* 115.

Extrait du rapport fait le 25 juin 1815 à M. le général commandant la 3.ᵉ division militaire.

Rodemack (*) a été attaqué aujourd'hui par environ 3000 hommes, quatre pièces de canon et deux obusiers aux ordres du prince de Hesse-Hombourg.

Le feu qui a été très-soutenu de part et d'autre a duré depuis trois heures du matin jusqu'à six et demi que l'ennemi s'est retiré.

Quelques obus ont pénétré dans la ville et dans le fort. Les gardes nationales de la Moselle et de la Meurthe se sont défendues avec beaucoup de valeur et de sang-froid. Elles n'ont eu qu'un sergent de tué et deux grenadiers de bles-

(*) Voyez la note suivante.

sés : l'ennemi a perdu beaucoup de monde, on lui a fait quelques prisonniers dans le fort même.

Quoique M. de Warda, envoyé à Rodemack pour y succéder à M. Martin, fut arrivé de la veille, il n'était pas encore reconnu, et c'est ce dernier qui a commandé. La brave petite garnison se loue beaucoup de sa conduite, et cet officier donne de grands éloges à celle qu'ont tenue les compagnies de la Meurthe et de la Moselle, ainsi que le petit nombre de canonniers renfermés avec elles dans le fort.

M. le chef d'escadron Stephen, dont vous connaissez la valeur et l'intelligence, est sorti de Hettange aux premiers coups de canon, et a beaucoup inquiété l'ennemi par un tiraillement continuel sur ses derrières.

En conséquence des nouvelles que nous recevons de Paris, je fais partir M. le colonel Clerget, directeur des douanes, et M. le major Henrion, pour proposer un armistice au prince de Hesse-Hombourg, commandant les prussiens, et au général Czernitchef, commandant les russes. *Signé* Le général HUGO.

48, *page* 115.

Sierck et Rodemack.

Depuis l'occupation de Luxembourg par l'étranger, le château de Rodemack, situé à moins de quatre kilomètres du chemin de cette grande forteresse à Thionville, mérite l'attention du gouvernement.

Ce château, dont la position avantageuse découvre parfaitement le pays, surtout à l'est, et domine le bourg par un escarpement de 23 à 24 mètres, pourrait être intérieurement en état de contenir une garnison de cinq ou six cents hommes ; et en lui créant quelques bons dehors du côté de la communication dont il vient d'être parlé, l'artillerie de ces ouvrages réussirait à la rendre très-dangereuse pour des mouvemens de jour.

Quoique le château de Sierck vaille peu de chose et soit fortement dominé, c'est néanmoins un poste à tenir en temps de guerre, pour empêcher l'occupation du bourg par l'ennemi, rester maître de la route de Thionville à Trèves, et au besoin pour servir de point d'appui à la ligne des douanes.

49, *page* 116.

Luxembourg.

Cette ville, qui contient une population de plus de dix mille ames, et qui a fait partie de la France depuis 1795 jusqu'en 1814, est la capitale du grand duché de ce nom ; elle est séparée en haute et basse par la rivière d'Alzette qui la traverse.

La ville haute, qui est a proprement parler la forteresse, a dû être fondée en l'an 1000 : située sur un roc très escarpé du côté de la rivière et du Pitous, ruisseau qui s'y joint, elle est défendue par douze bastions, cinq cavaliers, et de nombreux ouvrages extérieurs.

Outre le fort Saint-Esprit, qui est pour cette ville un réduit d'une haute importance, on y remarque un grand rocher dit le Bouc, tellement excavé qu'on le regarde avec raison comme un fort souterrain : c'est un ouvrage des plus extraordinaires, sans doute unique dans son genre, et qui peut servir de magasins et de logemens à l'épreuve.

La ville basse, dont la création est plus moderne, se compose de différentes parties bâties sur la rivière, et qu'on a renfermées dans l'enceinte par des ouvrages et des forts qui étendent à plus de six mille mètres le développement de cette forteresse.

(216)

N° 50, *page* 129.

Situation des troupes au 29 juillet 1815.

NOMS des CORPS.	NOMS des COMMANDANS	Thionville offic	Thionville troup.	Sierck offic	Sierck troup.	Rodemack offic	Rodemack troup.
	MM.						
1er. batail. de la Meurthe	Boulan, chef de bataillon	20	413	1	16	»	»
4e. id.	Gilbert, id.	21	502	»	»	1	21
6e. id.	De Boeur, id.	22	471	»	»	»	»
3e. bataill. de la Moselle	Chesnel, id.	20	393	»	»	2	30
4e. id.	Berthe, id.	20	416	1	32	»	»
5e. id.	Daché, id.	20	469	»	»	2	44
12e. id.	Malye, id.	21	313	1	2	»	»
7e. comp. d'arte. (de la Mosell.)		4	95	»	»	»	13
8e idem de la Meurthe	George de Lemud, lieute. colonel.	3	88	»	7	»	»
Artill. de ligne, 20e. comp. du 5e. régiment.		4	33	2	7	»	»
Corps des douanes (a)	Clerget, colel.	21	530	1	37	1	58
TOTAUX		176	3773	6	101	6	146

(a) NOTA. On n'a pas compris dans cet état la garde nationale sédentaire aux ordres de M. le commandant Faydy, les deux compagnies de canonniers aux ordres MM. les capitaines Petetin et Maugin, ni les pompiers aux ordres de M. de Beauvoir.

Situation de l'artillerie.

DÉSIGNATION.	CANONS DE					OBUSIERS de		MORTIERS de			PIERRIERS.	TOTAL.
	24.	16.	12.	8.	4.	8 p.	6 p.	12 p.	10 p.	8 p.		
Pièces de siège....	10	15	18	16	14	2	»	4	2	7	2	90.
Id. de bataille.	»	»	2	5	15	»	2	»	»	»	2	22.
Affuts de place....	11	27	25	23	»	»	»	»	»	»	»	86.
Id. de siège....	2	»	9	2	15	4	»	5	2	8	6	55.
Id. de bataille..	»	»	3	5	15	2	»	»	»	»	grenades	25.
Id. de casemate.	»	»	»	»	2	»	»	»	»	»	»	2.
Projectiles........	16386	18789	24903	18345	10226	3946	807	1515	886	3895	11203	110901

51., *page* 164.

Thionville le 11 novembre 1815.

Les officiers de la garde nationale,
  A Monsieur le général Hugo.

Monsieur le général,

Nous apprenons à l'instant que vous quittez la place dont le commandement vous était confié : daignez recevoir en ce moment l'expression de nos regrets ; permettez nous également d'être ici les interprètes des sentimens que vous avez inspirés à toute la garde nationale de cette place.

Elle n'oubliera pas, les citoyens renfermés dans son enceinte n'oublieront jamais les services importans que vous leur avez rendus. Qui de nous ignore que vous avez fait tout ce qui était en votre pouvoir pour la mettre en état de défense respectable, pour la conserver au monarque chéri qui règne sur cette France, qui ne peut être heureuse que par lui!

Personne mieux que nous, Monsieur le général, n'a été à même d'apprécier et votre zèle et votre attachement pour le gouvernement actuel; c'est votre conduite noble et généreuse qui vous a mérité l'estime et la considération dont vous jouissez à tant de titres, et que personne n'a plus été à même d'apprécier que la garde nationale, qui éprouve aujourd'hui le plus vif regret de ne plus être sous vos ordres, et de vous voir quitter des murs que vous avez si bien su mettre à l'abri de toute attaque.

Veuillez, Monsieur le général, recevoir l'assurance de notre estime respectueuse, et agréer les vœux que nous faisons pour tout ce qui peut vous être agréable.

Signé Fillion, *adjudant major;* J. Faydy, *commandant;* G. Bonaventure, *offic. de pompiers;* Grandthille; Berteuil, *lieut.* Bonaventure; Perrin, *capitaine;* Virbel, *lieutenant;* Petetin, *capitaine;* Mangin, *capitaine;* Langin; Tailleur, *capitaine;* D. Putz, *s.-lieut.;* Vimard, *capitaine pensionné;* Dubas, *capitaine;* P. Laydeker; Clauss, *capitaine;* Fridion, *s.-lieut,;* Poulmaire le jeune; Marchal; Chamberland, *lieutenant;* Differdange fils; Stiel; Bean; F. Weber; Simmer; Marchal, *sergent-major;* Riché; Clausener; Baviay; Dondaine le jeune; Rollin, *capitaine;* Marchal, *capitaine;* Bonaventure, *capitaine;* Vidal; Grandmange, *sous-lieuten.;* Revillon; Schweitzer, *lieut.;* Lefevre, etc. etc.

Thionville le 11 novembre 1815.

Les citoyens professant le culte israélite,
 A Monsieur le général Hugo, commandant supérieur.

Général,

Permettez-nous de joindre nos vœux et nos sentimens d'estime à ceux déjà prononcés par la grande majorité de nos concitoyens : nous ne pourrons jamais oublier que c'est à votre énergie, votre prévoyance et vos talens militaires que nous avons dû, deux années de suite, la conservation de nos propriétés; nous n'oublierons également pas que vous nous avez aussi sauvé cette année, par votre infatigable surveillance, des malheurs dont nous étions menacés; enfin nous conserverons éternellement le souvenir du noble désintéressement que vous avez manifesté dans plus d'une circonstance. Les expressions de la reconnaissance nous manquent, Général, et nous ne pouvons mieux vous témoigner notre amour et notre gratitude qu'en vous assurant que partout où vous conduirez vos pas nos cœurs vous y suivront.

Signé, *le commissaire du consistoire*, Mayer-Lévi ; Mayer fils ; Bourich ; Hayem ; Israël Hayem ; Joseph Lion ; Hayem fils ; Abraham-Lévi ; M. H. Lincourt ; M. Michel ; Salomon ; M. Rosenwald ; L. Fribourg ; Michel Wimphen, etc.

———

Thionville le 13 novembre 1815.

Les officiers de la légion des douanes,
  A Monsieur le général Hugo, commandant supérieur.

Général,

Les regrets que nous venons vous exprimer ne sont ni les moins sincères, ni les moins profondément sentis, et nous les joignons à ceux que doivent éprouver tous les habitans de Thionville, au moment où vous allez quitter leurs murs. Pourraient-ils méconnaître l'extrême modération que vous avez apportée dans l'exécution des mesures rigoureuses que vous prescrivaient vos devoirs? Pourraient-ils oublier que c'est aux sages précautions que vous avez prises qu'ils sont redevables de leur sûreté, de la tranquillité dont ils ont joui constamment; qu'enfin c'est par vos soins qu'ils ont été garantis des maux qu'entraîne après lui le fléau de la guerre. Ils pouvaient dormir paisiblement, sachant que vous ne cessiez de veiller pour eux. Votre désir constant a été de ménager les intérêts, de garantir les fortunes et les propriétés des habitans de Thionville ; mais on ne l'ignore pas, vous aviez également la ferme résolution de conserver au Roi et à la France la forteresse qui vous était confiée. Nous connaissions tous vos nobles intentions, et nous nous sommes toujours montrés disposés à les seconder de tous nos moyens. Rendant justice au dévouement du corps des douanes, vous n'avez cessé de l'honorer de votre bienveillance, et d'une confiance toute particulière : ce n'est pas en vain que vous eussiez compté sur lui. Parmi nous il n'en est aucun qui n'ait éprouvé le vif désir de faire son devoir et de se signaler sous vos yeux. Tel est l'esprit qui nous animait tous et que vous aviez su nous inspirer.

Une dette bien sacrée nous reste à acquitter envers vous, c'est celle de la reconnaissance. Elle ne peut s'égaler qu'à nos regrets. Comme eux, elle est profondément gravée dans nos cœurs, où l'on trouvera toujours votre nom entre l'honneur et le devoir.

Signé Clerget, *colonel;* d'Eu, *major;* de Rosnay, *chef de bataillon;* Lanchamps, *capitaine;* Robbe, *capitaine;* Alph. Journel, *capitaine de caval.;* Mocque; Perrocy; Drouart; Weiss, etc.

www.ingramcontent.com/pod-product-compliance
Lightning Source LLC
Chambersburg PA
CBHW051907160426
43198CB00012B/1783